Rainer Sauer

# 500 Wahrheiten und eine Träne

Herstellung und Verlag

BoD-Books on Demand, Norderstedt

ISBN 978-3-7431-9760-2

Muss mir eingestehen, mein eigen freiwillig Sklaventum

Muss bekennen, das ich Sklave meiner eigenen Ideen bin

Muss enthüllen, das meine eigne beengend Welt, von mir selbst erschaffen

Das ich der Sklaverei verfallen bin, die willkürlich Falschglauben entspringt

Erst mit diesem Eingeständnis, kann ich rebellieren entgegen dem Tyrannen

Kann mich lösen von widersinnig Gedanken, mir neue freie Welten schaffen



Meine liebe Verantwortung, du unbezähmbar wildes Ross

Auch aufgezäumt und gesattelt, liebst du niemals die Kontrolle

Zweifellos lässt sich das Leben ruhiger führen, mit straffen Zügeln

Doch Zügel fest in der Hand, machen noch keinen weisen Reitersmann

Auch lässt es sich nicht leugnen, gezügelt Verantwortung bändigt das Leben

Doch ob wir Zügel halten, oder schleifen lassen, Verantwortung überdauert

So ist eben sicher, das Leben kommt, das Leben geht, Verantwortung bleibt

Das Meer meiner Tränen, hat Gleichmaß mit meinem Durst nach Liebe
Jede Träne, jeglich Trauerperle, malt angemessen Aquarell meines Dürstens

Die Oberfläche der ozeanisch Traurigkeit, spiegelt mein sehnen nach Liebe
Das Bild ist vollkommen, jede Farbe des Gefühls, hat letztlich seinen Sinn


So manches Mal, sehn ich mich nach Langsamkeit
Will der hetzend Lebensflucht selbst, mit der Ruhe als Hilfe entfliehen

Fliegen, fahren, selbst der langsam Gang, erscheint mir als bloße Raserei
Möcht schlendernd mich bewegen, mich wiegend grad nach vorne rühren

Möcht schon von A nach B mich bringen, ist wahrlich kein ziellos Leben
Doch will ich ohne große Mühe, lustwandeln ohne Zwang

Will mich dahin bewegen, fast von ganz alleine
Voran bewegt vom Puls der Langsamkeit, vom Puls der inneren Liebe

Gesellschaftlich Theater, Volksbühne Menschheit, lässt gerne täuschen
Ob Krieg, ob Frieden, ganz gleich der Tümmelei, Maskerade ist stets anbei

Krieg scheint Leid zu tragen, Frieden mutet an, als Geburtsstätte der Freud
Gleich sind die Bedingungen, Hass und Freude, sind jeder Zeit gleich Nahe

Und nebenbei bemerkt, dem Glückskind fällt Glück zu jeder Stunde zu
Dem Seeligen der Heiligkeit im Herzen trägt, ist inner Frieden immer sicher

Ich frage mich, ist dies wirklich Meines
An Oberfläche hab ich stets rasant die Antwort, schnelles Ja, schnelles Nein

Doch tief geschaut in meine Seel, find ich Relatives
Habe hier gern zwei Seiten zu einem Thema parat und nicht selten mehr

Soden in der Unendlichkeit des Universums, Relativität ihr Wirken hat
So ist auch in der Unendlichkeit meines Herzens Relativität zuhaus

Nur meine Freundschaft zu Gott selbst, hat hier ihren ewig Bestand
Alles andere ist im Herzen stets nur temporär, war stets nur ein Relatives

Unsinn ist recht schnell getan, als Junge, auch als Manne

Mit göttlich Welpenschutz freilich, zahlt Kind doch wenig für's Missraten

Ganz Gegenteilig, begleicht reifer Mensch sein Tun mit harter Währung

Er gibt Eins für's Andere, zahlt mit golden Stücke seiner Seele




Können wir erweckt Schreckgespenst, jemals wieder zum Ziele geleiten

Heimführen den Geist der Technik, den wir einst zu Hilfe riefen

Losgelassen, leichtsinnig aus unserem eigenen kreativen Geiste

Spukt er seelenlos in unserer Welt, vorgedrungen bis zur letzt heilig Ecke

Sucht und sucht, wächst und gedeiht, doch findet keine sinnvoll Heimat

Sucht bis wir Heimat geben, denn ist nicht sein Zuhause in unserem Dienste

Wie leicht fällt uns doch das Visionieren des Großen

Das Visionieren vom großen Gelde, von Erfolg, Macht und Ruhm

Doch umgekehrt im Reichtum lebend, bleibt Armut grausam Fiktion

Hier scheint Entbehrung unmöglich, scheint Armut ein Alptraum zu sein

Von Besitzlosigkeit ins Haben, braucht es wohl kleine Schritte nur

Doch Bewohner und Hausbesitzer, scheint die Tür der Armen verschlossen

Freiwillig in die Armut zu ziehen, ist Reichem zu wider, ist gar unmöglich

Es ist wohl das sagenumwobene Kamel, das eher durch das Nadelöhr geht

Mensch akzeptiere zu lieben, zu hassen, zu verzeihen

Denn das ist nunmal das begrenzt irdisch Leben

Tief hinein geblickt ins Mensch-Körper Sein, gelebt, nicht geglaubt

Ist bewusst, ist gesehen, ist unbedingt erfahren, das Gott stets zugegen

a gewiss, man wird geboren und man stirbt

So könnte man durchaus ahnen, das Leben führt zum Tode

Manch Mensch versucht Leben zu boykottieren, um dem Tod zu weichen

Doch will ich fragen, hat der Mensch der nicht stirbt wahrhaft gelebt

Besitzen ist des Menschen große Leidenschaft

Besitzen mag Mensch die Menschen, besitzen mag er den Erdboden selbst

Besitzen, möcht er Völker, Seelen, Ländereien, besitzen einfach alles was ist

Doch besitzen tut er nicht einmal sich selbst, er ist letztlich Gottes Leihgabe

Mensch mordet um Eigentum zu nehmen, hat Kriege Jahrtausende geschürt

Schöne Helena, unentdeckt Amerika sogleich, waren teuer mit Toten erkauft

Es ist gerade mal das Eine, das ich dulden kann

Dulden kann, doch auch nicht muss

Und die Vielen, die schon viel zu viel sind, ganz zweifelsohne

Die viel zu Vielen, die ich weder dulden kann noch will

Ob Sorge, Verpflichtung, vernünftig Ziel, ich bin der Eine, der entscheidet

Entscheidet, ob er nun das Eine oder Andere will


Summa Summarum, ist das Ganze mehr als die Summe seiner Teile

Ein Teil ist schon ein Ganzes, eine Vielheit seines Ganzen ist ungleich mehr

Eine Tomate ist nur eine Tomate, doch mehrere sind alsbald ein Strauch

Und werden nicht viele Sträucher, schon im Nu zum Gemüsegarten

Ist nicht die Summe aller Gärten, unser blauer Planet als solches

Und wird nicht in Addition unser Planet mit vielen Anderen zur Galaxie

Ebenso ist ein Mensch ganz zweifellos ein eigen Universum

Doch Mensch und Mensch wächst heran zur Menschheit

Man sagt, das Menschenkind ist schon von Geburt an Vernunftbegabt

Doch welche Teilchen, welch Zutaten bedeuten in Summe sein Menschsein

Ich sehe dich, mein Herz ist im Nu zutiefst gerührt

Sitzt am Rande des Weges, Einsamkeit ist einzig was du am Leibe trägst

Deine Seele blickt ins eigen Innere, ist alleine mit sich

Bist noch so sehr Kind, das du nicht wissen magst, von kostbar Innenschau

Traurig schaut dir groß triste Außenwelt entgegen

Denn mystisch Einsamkeit hat dir ihren heilig Zauber noch nicht enthüllt

So sehe ich einsam Kind auf Gottes Boden

Still Kind, die Erwachsenheit suchend, Kind dessen Zukunft ganz ungewiss




Manchmal hüpft mein Herz vor Freud so sehr

Weil ich am Leben bin

Hüpft das Herz so sehr, das mein Gesicht ein Lächeln nicht verstecken kann

Lächeln das sich bekundet, von ganz allein nach außen springt

Mit großem Laut möcht ich den Jubel in die hörbar Welt verschenken

Doch oft bleibt allein, unsichtbar Träne der Freude die ich still in mir weine

Heilig Melodie höre ich in mir erklingen

Die Liebe singt ganz still in mir ihr Lied

Habe in die Welt geschaut mit liebvoll Augen

Schon ertönt der Liebe Echo in meinem Inneren

Ursache und Wirkung zeigen hier ganz schnell ihr wahres Gesicht

Der Liebe in meinem Handeln, folgt als Echo der Liebesgesang




Man sieht die Menschen gerne erblühen in selbstgezüchtet Illusion

Sieht so gerne, wie sie aufgehen, in ihrer eignen Maskerade

Die Hingabe an die eigne Komödie, ist ach so voll mit Tollheit

Das die Unechtheit des Trauerspiels ganz vergessen

Menschen und ihr Trug finden sich, wachsen zum groß Menschheitstraum

Der Weise sieht jedoch, jeder ahnt irgendwie dunkel sein eigentlich Unglück

Wer will schon gerne die Wahrheit über die Lüge wissen

Wächst doch sodann die Lüge zur wahren Größe und Wahrheit wird wahrer

So lassen wir doch lieber die Selbstlüge köcheln auf kleiner Flamme

Bemühen uns eifrigst mit allen Mittel, das uns nichts anbrennt im Staate

So versuchen wir den Brei der Lügen zu rühren in einem fort

Damit die Wahrheit über das längst Verbrannte uns ewig verschonen mag




Oh mächtig Einsamkeit, deine Erschütterung ist erbarmungslos

Dein Beben lässt mein Seelengrund in der Tiefe erzittern

Vorwarnungslos doch zyklisch, wächst du zu meinem Epizentrum innerlich

Nichts kann dich bannen, verschont mich vor dir, du kommst wann du willst

Wie gut verstehe ich doch den Menschen, der dich als Gast nicht will

Denn nur ein Baum mit tiefen Wurzeln, kann diesem Urbeben widerstehen

Perlweiß Wolkenschiff, segelst mir auf blau Himmelssee entgegen

In majestätisch Geruhsamkeit, schiebst du dich heroben still an mir vorbei

Wortlos doch aufrichtig, sprichst du mir davonziehend himmlisch Lebewohl

Lässt zurück, ein Sehnsuchtserinnern, lässt zurück ein Weh nach Heimat




Es stirbt ein Mensch, stirbt jenseits des Flusses

Gerad im selben Augenblick, vis a vis, ein Kind ist geboren

Inmitten Leben und Tod, der Fluss strömt weiter, bleibt unberührt

Trägt sein Wasser unbeschwert in Zukunft unbekanntes Land

Er trägt des sterbenden Seele hinfort in die Heimat

Nährt den Neugeborenen mit seinem kühlen Nass

Alles was ein Anfang hat, findet auch ein Ende

Endlos ist allein das große Nichts, Nichts das alle Ewigkeiten inne hat

Kann ich's benennen, wohnt es in Raum und Zeit, hat Form in Gedanken

Ist geboren wenn auch nur im Geiste, findet eben auch hier zukünftig Tod

Die Welt die wir kennen, Universen, alles in allem, temporär Erscheinung

Was Anschein hat, flieht letztlich davon, bleibend ist nur das Unbenennbare

Engelsreigen zu göttlich Rhythmen getanzt

Kinderseelen die sich in Reih und Glied unschuldig finden

Beid sind Ausdruck der beständig Liebe die in allen Menschen wohnt

Gerad erwachsen, hat der Mensch dies schnell in Vergessenheit gebannt

Doch die Unschuld, Tochter der Liebe, ist dennoch stets sein inner Begleiter

Kinderseelen die sich lieb zueinander neigen, erinnern uns der Wahrheit

Ich durchschreite die Schattenseite weltlicher Gassen

Bewege mich hinzu auf Lichtfeld in der Ferne

Schritt um Schritt treibt es mich einwärts, gehe in das gleissend Licht

Eingetreten, durchdringt mich jeder winzig Sonnenstrahl mit aller Kraft

Bringt den Schmelztiegel meines Körpers in hitzig Wallung

Erkaltet Herzensblei, schmilzt im Nu zur golden warmen Lebensglut

Des Seelensees Damm bricht, Menschengold flutet mein ganzes Inneres

Der Seele pures Gold strömt aus mir aus Freude, strömt aus allen Poren


Ist denn die Liebe nicht genug

Muss der Mensch denn leisten, muss er dienen, erbauen, horten, machen

Ist denn Liebe nicht Geschenk an sich, ist gegeben ohne Fordern

Ist nicht des Menschen Geburtsrecht die Glückseligkeit

Ist die Liebe nicht freies Gut aller, gehört jedem und keinem

Soden ist alle Macherei auf freiwillig Basis, nicht Befehl auf Gottes Wunsch

Einen Fehler nochmals zu begehen, ist keineswegs der Dummheit Zeuge
Ist doch die Wiederholung in der Natur beliebt angewandt Funktion

Doch wer will schon ewige Wiederholung, mag stets das Selbige tun
Entdeckt doch in Ewigkeit auch das Gute irgendwann die Langeweile

So birgt erst recht der stete Fehler alsbald den gähnend Überdruss
Doch sicherlich birgt er keine Dummheit, nur ewiglich das Unbewusste



Des Menschen Mangel spiegelt sich im Mangel des Anderen
So sieht er sein Bedürfnis im Gegenüber, will geben, was er selbst benötigt

Doch hat er nicht was der andere braucht, hat nur was er selbst von Nöten
Es ist die Fülle die ihm eigen ist, die er vergessen, die erinnert masslos stillt

In dieser Fülle spiegelt sich auch der Reichtum des anderen
Spiegelt sich die Wahrheit, das nur die eigne Pracht Stillung schenken kann

Der Mensch in Fülle kann dem Mangelnden nicht geben was sein eigen ist
Liebe gibt stets gerne, doch Liebe gibt nicht sinnlos dem Fass ohne Boden

Ohne Zweifel, ich bin im Misstrauensspiele ach so meisterlich

Ich misstraue den Menschen, misstraue Mutter Erde, dem Himmel Azur

Misstraue bisweilen Gott selbst, eben auch nicht selten meiner eignen Natur

Letztlich, vertraue ich mir selbst noch am meisten, wenn auch im Zweifel

Vertrautheit ist hier nur bedingt am richtig Platze, ist wohl zu hoch gegriffen

Ist doch mein Versuch des Selbstvertrauens, Wunsch nach Kontrolle an sich

Zu erhalten die Illusion der Kontrolle, dies ist mein Verlassen auf mich

Um zu verbergen tief gewusst Wahres, groß Unsicherheit überall ersichtlich

Erstaunlich ist was ich fand, mich fallen gelassen in tief Grube Unsicherheit

Getragen sein im Netze des Unsicheren, fand ich Sicherheit ohne Vernunft

Geistig Gefangenschaft ist mir ein Greuel

Unmöglich ist mir all starre Bindung, die Fesseln der Vernunft

Legt mir Band an, das mich an der Leine des Verstandes longieren möcht

Mich führen will im endlos Kreise, rundherum im Bann der Illusionen

Ist mein Geist gefangen, fühl ich dem Tiger gleich, der Glanz im Aug verlor

Glanz im Auge eingebüsst, im golden Käfig der dreimal täglich Fütterung

Zugrunde geht mein Geist wenn er nicht frei fliegen kann

Lahmheit überkommt mich, wenn ihm die Flügel der Freiheit gestutzt



Die Imitation ist sicherlich eine große Kunst an sich

Ist gar Durchgangspforte aus fremden Gefilden zur eigenen Realität

Doch verlockt sie auch zur Gewohnheit, zum steten sein in anderer Welt

Wandelt sich zur Heimsuchung, zum Spuke, der Loslösung entbehrt

Zum guten führt sie nur, wenn am End das Imitat gänzlich losgelassen

Sodann kann Imitation Glut entfachen, so das man findet das wahre Eigene

Was nützt das köstlich Pausenbrot, wenn es dem Kinde nicht mundet

Was bringt denn all der Firlefanz, wenn er die Seele nicht düngt

Ersetzt denn das Gebet in Gedanken, intime Zusammenkunft mit dem Gotte

Ist es nicht des jeden Menschen Recht, seine eigen Art der Liebe zu finden


Oh wie leicht verwechselt man doch all zu gerne äußerlich die Dinge

Vermischt Unvereinbares, vermengt das Helle eine mit dem Dunkel anderen

So ist es sichtlich von hohem Werte, die verdrehten Dinge gerade zu drehen

Annehmen oder hinnehmen, sind nicht selten im Versteckspiel der Gefühle

Das erste, die Annahme, beruht auf der bloß Einsicht des Unveränderbaren

Selbstleugnung nennt sich Zweites, lässt Wut und Frust in die Zellen prägen

Selbstliebe und Narzissmus sind im Verwechslungs-Labyrinth auch Zuhause

So ist das eine groß Aspekt der göttlich Existenz, ist Mittelpunkt der Liebe

Das andere hingegen nur klein Spielzeug des Tyrannen namens Minderwert

Der Glaube und das kleine glauben an sich, sind Missdeutungs Spitze per se

Glaube ist Bewusstseinsform, ist wahrhaft das Wissen um Gottes Präsenz

Klein Gläubigkeit ist Fähigkeit der Vernunft, heißt nicht wissen, aber hoffen

Aussterbend Art Mensch

Bedroht durch gesellschaftlich Verrohung, dem Untergang geweiht

Gemeint ist selbstredend nicht Großpopulation des unredlich Volkes
Eher wohl der fühlend Mensch, bewusst, gerecht, ins Licht schreitend

Gefährdet sein Lebensraum, sogenannt Freiheit, geschützt Raum der Liebe
So auch er gefährdet ist, allein noch gehalten im Privatgehege der Anomalie

Der unbewusste Mensch, ohne Liebe übrig für sich selbst
Hält negativ Gefühl unbedingt für seinen Fluche, Gutgefühl bisweilen auch

Bewusster Mensch ganz im Gegenteile, in Selbstliebe gemittet
Sieht sowohl aufhellend, als auch finster Ereignis, als unbedingt Geschenk

Ein Mensch bleibt ein Mensch

Ob er erstrahlt in Bewusstheit, oder von dunklen Wolken eingedeckt

Stets zeichnen ihn aus, seine irdischen Gefühle

Gekrönt ist er, durch sein wandeln in Fleisch und Blute

Mensch bleibt Mensch

Sei er ein seelisch Meister, oder behaftet in emotional Gefangenschaft

Erzählt denn nicht die biblisch Mär, auch Jesu war in wüster Zeit versucht

Schlief nicht auch Buddha, bevor er die Erlösung im Erwachen fand


In deiner Nähe, weiß ich mit liebend Bestimmtheit

Es ist das Leid der Erde, in dem ich mich befind, und ich bin Teil davon

Spür in jeder Zell, das ich dazu gehör, das ich zähl zum Menschenschicksale

Entfernt von dir, erdenk ich, das alles geschieht, autonom von meinem Ich

In schlimmster Art, verfall ich dem Glauben, ich könnte ein Ist verändern

Menschlich Existenz und göttlich Gesetzmäßigkeit oft mit Kluft isoliert
Himmel und Erd, von tief Spalt getrennt, ohne Deckungsgleichheit fürwahr

Doch bleibt mir dennoch das Göttliche zu erkennen, Göttliches zu wissen
Gottes Wahrheit zu sehen, Menschlichmeines im besten Sinne einzupassen

Nicht zu wollen, zwingen, biegen, gar zu brechen, was mir unmöglich ist
Eher liebevoll zu vollbringen, was meinem begrenzt Vermögen entspricht

Mein klein Menschsein leben, um das Miniaturbilde ins Große einzufügen
Bildnis von mir zu schaffen, es in groß himmlisch Rahmen einzufassen


Ich schaue auf die Welt, in zwei, in drei Weisen
Durch göttlich Filter scheint zum einen, alles im hellbunt Licht der Liebe
Mit Filter meiner Menschlichkeit, sehe ich zweitens viel Schwarz, viel Weiß
Zwar gibt es buntes Allerlei, doch auch Hass und Niedertracht in Grautönen
Beide Filter der Wahrnehmung geschichtet, sehe ich das versöhnte Dritte
Unfassbar ist das erblickt Reale, kann nur sagen, so macht Alles einen Sinn

Das fischen nach Komplimenten, ist wie das Angeln nach totem Fische

Hat denn leblos Objekt, jemals einen Menschen mit Sattheit beschenkt

Kann man denn Lebendiges mit Totem nähren, den Tod etwa erwecken

Göttlich Formel spricht, Lebendiges hat sich der Lebendigkeit zu erinnern

Leben gibt Leben, der frischeste Fisch, ist der Geteilte, der die Seele nährt

Ist göttlich Manna, Seelennahrung, die zur Speisung der Fünftausend führt


Hin und wieder schreit Verachtung laut aus meinem Innern

Laut und unbarmherzig, das ich erschüttere bis auf's Mark

Das ich erschrecke vor dieser dunkel Macht und Kraft in mir

Und für einen ewig Moment glaub ich der Stimme des Hasses

Eine winzig Weile vertrau ich dem menschenverachtend Lügenvotum

Der Himmel über mir verdunkelt sich mit finster Wolke

Sicherlich, die Sonne scheint schon im nächst Momente in Liebe wieder

Doch für einen Atemzug lang, verstehe ich den Hass dieser Welt

Obgleich du unter Oberfläche dem Auge meist verborgen bleibst

Gut versteckt bist unter Freud und Sorgen, kann ich dich allzeit erahnen

Wie ein unsichtbar Geist wandelst du in meinen Tagträumen

Sehe dich um eine Ecke huschen, an meinen Augenwinkeln entlang fliehen

Manchmal zeigst du dich real und unverblümt, dein Auftritt raubt mir Atem

Wann und Wo du nach Erscheinung drängst, ist mir Buch mit sieben Siegeln

Vielleicht öffne ich Seelentür, Welt der Gefühle ist dir Durchgang zu mir

Gar schaue ich in die Ferne, erinnere mich an Damals, plötzlich bist du da

Manchmal flüchtig ätherisch, manchmal materiell und fest, oh Seelenpein

Bist du Unsichtbar trag ich dich als Trauerkleid, stets auf nackter Haut

In Festigkeit erblickt, gefühlt, erkannt, bist du ein Dolch in meinem Herzen

Geist des Vergangenen, wann löst du dein eisern Griff und lässt mich ziehen

Dein Spuken mag verblüffen, doch wie verrückt mag es erst klingen

Das mir bewusst ist, oh Traurigkeit, das du allergrößt Lebensgabe bist

Bin einsam Tropfen Liebe, der das große Meer vermisst

Bin heilig klein Stück Wasser, das dem groß Ozean zufließt mit Eile

Ohne Ruh und Rast, sehn ich mich dem Großen entgegen

Flieh aus meiner kleinen Welt ins Unendliche hinein

Gib mich der Sonnenmutterhitze hin, das ich verflüchtige ins Nebelland

Mich letztlich gänzlich aufgelöst im Vater kondensiere


Äußerliche Veränderung ist letztlich unnütz Handlungsweis

Ist es doch längst offen Geheimnis, innere Wandlung ist von Nöten

Kann die Welt oberflächlich tünchen nach Belieben, bunt wie ich es will

Das innere trostlos Grau, wird davon freilich nicht ein minimales bunter

Doch ist inner Wandlung erst geschehen, leuchtet eigen Elysium Farbenfroh

Außenwelt kann sich drehen wie sie will, inner Himmel bleibt unberührt

So könnte spätestens jetzt klar sein, inner Wandel vollzieht sich im Inneren

Wer will's leugnen, Innen nur Innen, und die heilig Zutat ist bloße Hingabe

Zwei Packesel unterhalten sich beim Wasserlassen

Thema ist wie oft und gerne der Mensch, wohl Krönung der Schöpfung

Der jüngere fragt erstaunt, hast du den Menschenfreund gehört, wie er flehte

Hast du gehört, wie er innig um Hilfe bat, kniend vor einem hölzern Kreuze

Oh ja, ich habe gehört, sprach der ältere, das man hier den Verstand verliert

Menschen haben wohl schwere Last zu tragen, wenn sie alte Hölzer bitten

Unsichtbar ist ihre Last, ebenso unsichtbar ihr angeflehtes Irgendwas

Nur gut, das wir arme Esel nur Sichtbares auf dem Rücken zu tragen haben

Wer das Geld auf der Strasse sucht, so es heißt, es liegt da unberührt

Hat Vorteil, das er braune Häufchen nicht gar so leicht aus der Sicht verliert

Anderseits sagt man, das treten in duftend Masse hätte Glück gebracht

Nun gut, so sehr ich Volksweisheit auch liebe, Worte sind das Grab Gottes

So will ich betonen, Gott findet sich nicht in wissensschwanger Weisheit

Gott finde man unbedingt im Überall

Ich stehe an einer Haltestelle, warte auf die erwünschte Bahn

Warte, warte, warte, die Ungeduld wächst sodann ins Unermessliche

Enttäuschung, Frustration, Unmut schaukeln sich in die Höhe

Dann endlich, ein lautes Quietschen kündigt nächstes Bähnlein an

Erleichterung durchströmt mich, ich höre das Ausatmen aller Mitleidenden

Um die Ecke kommt sie nun ersehnte Mitfahrgelegenheit, oh Schreck

Sonderfahrt, bitte nicht einsteigen, Gesichter werden grau, ich deprimiere

Ist dies das Leben, warten auf das Mitgenommen werden, warten ohne Ende

Enttäuschung geht, kommt erneut, man selbst bleibt, wartet stille weiter



Mein Leben ist die ewig Flucht

Fliehe beharrlich von einem Moment zum Anderen

Fliehe von Tag zu Tag, von Jahr zu Jahr

Nur dann und wann kommt die Zeit zur Ruh, gefriert Moment zur Ewigkeit

Das Fristen kommt zum Stillstande, für gerad eine Sekund

Die Flucht findet natürlich End

Für einen Augenblick steht die Erde ganz stille

Und ich höre deinen Atem

Ob zweifellos

Der Mensch stammt vom königlichen Geblüt

Schlüpft er doch bange, zumeist in die Rolle des Untergebenen

Reiht sich ein in die Spalier als Nichtsnutz, erklärt sich frei der Sklaverei

So blau sein Blute auch sei, gewiss vom göttlich Stamme

Gleich so, verwässert, trübt sein Verstand ihm dies heilig dicke Blute

Das Wissen über eigne Herkunft erlischt, sich auflöst im blassem Dunste

Übrig bleibt zuletzt, sein kleinlich Bild des darwinschen Untertanen

Vor mir ragt in die Höhe, das Zirkuszelt der Absurditäten
Man bittet mich ein, ungebeten, eine Liste Angebotenes leuchtet auf vor mir

Zum einen ist das Glücksrad der Gefühle angepriesen, gelobt das große Los
Erlös ist sichere, dauerhaft Beziehung, Zwillingsseele die man immer suchte

Sonderangebot gleich nebenan, für eiserne Nichtraucher Jung und Alt
Gerade für Anfänger, die gesunde Elektrozigarette, für rüstig Greis ebenfalls

Für Arbeitslose das Kurzprogramm, ihr verheizen ist im Nu versprochen
Wer will schon dem Volke auf der Tasche liegen, lange auf die Rente warten

Nebenan ist Spirituelles angeboten, Helfersyndrome Fünfzig Prozent Rabatt
Lasst uns zusammen beten, wahlweise mit Bettelmönch, oder armen Teufeln

Wer Tierliebe beweisen mag, ist auch gern gesehen, streicheln ist verboten
Schläge auf des Pferdenhintern, dreimal kostenlos, aber bitte ohne Gefühle

Denn der Gefühlsmensch ist allerseits bekannt, Verlierer der Gesellschaft
Und wer will denn schon verlieren, im großen Spiel der Gleichgültigkeiten

Gott, Selbstliebe, Erleuchtung to go, den Flatrate Handy Vertrag inklusive
Dies erhält man laut Liste, wenn man der Werbung vertraut, einfach glaubt

Bürger der Wegwerfgesellschaft seien hingewiesen, Schmerz sei freiwillig
Gibt es doch für jeden Schmerz ein Mittelchen, man ist ja doch nicht blöde

Als großes Sonderangebot, wird in großer Leuchtschrift inszeniert

Warum sich selbst sein, wenn dies doch in der Welt zumeist so schwer

Sei einfach ein Anderer, Lüge überragt das Wahre, Täusche doch lieber vor

Beliebt kopiert sind Gutmensch, Arbeiter des Monats, gar Mutter der Nation

Sind sie der Unmenschlichkeit nützlich, gerne auch dem Profite zu Diensten

Sei es ihnen gedankt, so sind sie uns herzlich willkommen

Wie gut ich doch verstehen kann

Das manch Mönch sich im Kloster interniert

Ein Mann sich zumindest geistig kastriert

Ist doch das Leben Versuchung in sich selbst

Erfordert ist in jedem Augenblicke der Bedacht

Wie gut ich doch verstehen kann

Das manch Frau sich kettet an heimisch Herd

Sich bindet an Haus und Hof, bindet bis Sinnlichkeit erlischt

Ist doch Versuchung in eigne Größe zu erwachsen ach so mächtig

Wie schwer ist es allerdings, in einer Welt der Wachstum nicht gefällt

So ist wohl Selbstkasteiung des Menschen liebste Folter

Nur selten sucht Er wachsend Lebendigkeit, meist findet Er den kleinen Tod

Zwei Stimmen sprechen in mir zänkisch Gegensätzliches
Sprechen unentwegt in meinem Innern, sind simultan Bedacht ersuchend

Das Leben ist ein Fluch ermahnt die eine, Hoffnungslosigkeit ihre Strafe
Leben ist Geschenk, ist Wunder, flüstert mir die andere ins Bedenken

Wunderlicher klingt es an, das zwei weitere Stimmen ihnen auf Fuße folgen
Inner Gemunkel, das Voriges munter erklärt, nicht weniger gegensätzlich

So zweifelt die eine an meinem Verstande, sagt, ich kann es kaum glauben
Wie kann es nur sein, das solch fremde Gesellen in mir wohnen

Die andere zitiert heilig Verse, die erzählen von zwei gleichwertig Brüdern
Brüder die von selber Mutter sind, sich ganz nahe, viel näher als ich denke

Eine weitere Stimme vollendet das Quintett, das mich alltäglich einstimmt
Geschwister sind es, aus Mutter Liebe geboren, vom Vater Freiheit gezeugt

Die Schwere des Mensch sein, ist mir wahrlich kein Fremder

Jedoch trage ich sie oft mit Leichtigkeit, die besagte Schwere

Auf göttlich Schwingen getragen ist jeglich Last ein Minimales

Umgekehrt, wenn der Mensch auf Schultern, Gottes Werk zu tragen sucht

Ist ihm das doch große Bürde, ist unlösbar Schwierigkeit, untragbar Ding

So bricht der Eine zusammen, unter der Last die ihm nicht gehört

Ein anderer trägt mit Freud sein Menschsein, für das er sich entschieden hat



Der Vogel namens Aber pickt dir die Seele wund

Bringt Pein, falls du ihn nicht friedlich ziehen lässt, ihn gar noch fütterst

Mit Annahme sollst du ihm über's Gefieder streicheln

Ihn senden in die Weite, mit einem liebend Lebewohl

So lass die vielen Aber, lass sie ganz schlicht Aber sein, lass sie fliegen

Mach was du willst Mensch, doch lass sie niemals nisten in der Seele

Die Brücke der Angst ist unpassierbar

Getragen ist sie von Menschen, die stur an gegenüberliegend Seiten stehen

Gebaut, errichtet durch falsch Glauben, ist sie von unsichtbar Kraft gehalten

Den Naturgesetzen trotzend, schwebt sie über der Menschheit, bis sie bricht

Bedroht fühlt sich Mensch zu Füßen des Bauwerkes, diesseits auch jenseits

Unsichtbar Bedrohung ist was Brücke trägt, nicht etwa geniale Bauweis'

Angst gebiert den Druck, die Spannung, Angst ist was Spannungsbogen hält

Kein Mensch kann diese Brücke gehen, begehen um Gegenüber zu finden

Dem Mensch ist es unmöglich, jenen Übergang zu queren zur Freundschaft

Allein das einseitig Loslassen der Wucht, des Druckes, lässt Brücke fallen

Kein Kraftakt der Überwindung, kein willig Übertreten führt hier zum Ziele

Einzig alleine Begegnung ist hier denkbar, wenn entzweiend Brücke fällt

Mag das wissen wollen, auch noch so frommen Wunsch entspringen

Ist doch das Wissen, nicht alles zu wissen, weit aus frommer

Demut liegt in diesem Wissen inne, nicht nur Fromm, gar heilig ist es

Annehmen muss der Adept zu aller erst, das er auf ewig ein Unwissender ist

Nicht das Wissen ist des Adepten Ziel, sondern das Sein in Wahrhaftigkeit

Das Nichtwissen ist gar meisterlich Kunst, davon wissen Meister viel


Nimmersatte Larve namens „Würde", wird nimmermehr gestillt

Doch eingenistet in den Kokon der Liebe, mutiert sie gar zum „Wird"

Nun kann aus dieser entstanden Werdung, ein werdend „Ist" gebären

Raupe verpuppt, gedeiht zum „Wird", schön Schmetterling wird erwachen

Vielleicht Würde, bestimmt Wird, und ganz sicher Ist, ein Moment geboren

Befreit fliegt ein Engel davon, im Hier und Jetzt

Volk und Völker morden sich in einem fort, im Wahn gefangen

Es füllt sich die Taschen derer, die Kugeln aus Blei gegossen

Rot und Braun schlägt sich mit großer Lust die Köpfe ein

Obenauf lacht ein Mann in scheinbar weißer Weste


Links und Rechts bekriegt sich Ewigkeiten, beide im selbsternannten Recht

Ein Mächtiger steht in sogenannt Mitte, reibt sich still die unschuldig Hände

Wenn man Stuhl des Feindes ansägt, gewinnt Stand und Halt an Wankelmut

Gleichzeitig erwirbt der eigene Sitz im Throne Bestand und Festigkeit

Doch ist dies natürlich nichts Neues, gewarnt hat ja schon die Großmutter

Wenn Zwei sich streiten, freut sich der Dritte


Ach wüsst ich nicht, das Verzweiflung auch gerad die Tiefe gibt

Tales Tiefe, die dem Berg der Erfüllung so großartig in die Höhe stellt

So würde ich für ewig in dieser Dunkelheit verweilen, das ist sicher

Würde mich der Blindheit der Unbewusstheit schenken

Doch eines ist mir schon längstens in aller guten Weise klar

Das eben das dunkelste Gefühl, oftmals das hellste in mir gebar

Manchmal ist es pures Aushalten, genötigt zum Leben
Ein ringen, zwingen, ein stetig müßig weitergehen

Ein Schritt, ein Gedanke, ein innerer Aufschrei, nur nicht stehen bleiben
Es wehrt und schmerzt in meinem Inneren, ruft weitergehen, weitergehen

Doch Ausweg ist nicht mehr als vage Hoffnung, die in aller Eile verblasst
Die Hintertür ist hier stets verschlossen, bis das Leben selbst sich öffnet

Nein, es ist nicht das treffen auf Erlösung, welch mich stets treibt voran
Ich ziele im Moment der Verzweiflung, was mich in den Nächsten wirft


Reue ist ein gut Ding, sofern sie dem Menschen dient zur Heilung
Doch gern mutiert sie zur monströs Waffe, gerichtet gegen das Selbst

Wandelt sich zur Knute der Selbstbestrafung, tausendfach das Eigne schlägt
Gedeiht dem Menschen selbst zur Geisel, gedeiht zur bös Qual im Inneren

Missgeschick wiederkäut im Geiste hundertfach, gibt stets erneut ein Stich
Bis das Band der Wiederholung durchtrennt, doch dies geht nur durch Liebe

Liebe kann man nicht wissen

Liebe ist lediglich erfahrbar

Gleichsam ist Gott unberechenbar, er ist niemals mathematisch Dimension

Er ist einzig wahre und lebendige Größe

Mitgefühl hat der Mensch eben, Glück sei dank, oder sie liegt ihm fern

Doch herstellen, lässt sich solch Qualität der Liebe weder hier noch dort

Wunder geschehen nicht

Wunder sind stetig notwendiger Teil der Realität

Das Leben ist nicht machbar, der Kontrolle entrückt, nicht wirklich greifbar

Leben ist flüchtig, gerade da, schon wieder fort, doch immer präsent

Gewiss, entschuldigt ist recht schnell und leicht

Grad noch leichter als die Missetat

Doch wird die Bitte um Verzeihung erst Routine

Wird auch Zweiflern klar, diese Entschuldigung kann man sich gerne sparen

So bitte ich als Geschädigter, sogleich im Namen aller Geschädigten

Geliebt notorisch Missetäter, bewahrt uns doch vor euren Missetaten

Sogleich spart ihr ebenso auch eure ohnehin wertlos Entschuldigungen

So bleibt uns allen eine endlos Wiederholung des Unnötigen erspart

Ich will betonen, ein Fehler ist stets sanft Einladung zur Bewusstwerdung

Tausend und einer, der selbe Fehler, ist schlicht Beweis für Bewusstlosigkeit

Größenwahn, ich steh gerad so winzig klein vor dir

Im Minderwert schrei ich zu dir in die Höh', auf das du mich errettest

Empor erhoben von deiner Wichtigkeit, fühl ich mich sogleich gerne groß

Titanisch erwachsen, weit über dem gemeinen Volke

Fühle mich, als würde ich unsterblich über allem schweben

Doch einsam ist es hier Oben

Schneller als ich denken kann, platzt du in der Blase der Illusionen

Ich fühle mich klein wie nie zuvor

So bitte ich dich, lass mich alleine erwachsen, in meine wahrhaft Größe

Das ich nicht größer wirk' als jeder Andere

Verknüpft ist oft die Such nach Wahrheit, eng mit Recht und Unrecht

So gibt es in der Menschen Art des Wissens, ein scheinbar Gefälle

Hat der Eine Recht so glaubt man, muss der Andere des Unrechts sein

So hat mein Gegenüber erst Recht erhalten, hab ich das Recht verloren

Aus diesem Grunde, will ein jeder recht behalten, beharrt mit List darauf

Kämpft um sein Recht akribisch, um keinesfalls dem Unrechte zu verfallen

So sei erwähnt, niemand stirbt, mag er auch im scheinbar Unrecht wohnen

Ist doch bei Gott, jeder Mensch im liebend Rechte daheim


Des Kaisers neue Kleider, lässt einen jeden im neuen Glanze scheinen

Verwandlung, im besten Sinne, kann ein Mensch in dienend Rolle schlüpfen

Maske, muss man hier wohl tragen, ist in Gesellschaft sichtlich von Nutzen

Doch die Frage bleibt stets, ist Maske mir selbst auch passend und nützlich

So Obacht, ganz flink, ob man will oder nicht, ist man Maske geworden

Identifiziert mit der Rolle, verkümmert man schnell zur verkrüppelt Seel

So muss ich in mir sein, muss mit mir sein, muss wissen wer ich bin

Damit ich Kleidung tragen kann zur Schau, ohne mich darin zu vergessen

Jawohl, es ist des Menschen Recht und Pflicht eigen Prinzip zu finden

Legitim ist es ebenso sicherlich, Anderen zu folgen, zu folgen ihren Regeln

Doch die letzten Schritte zu sich selbst, geht ein jeder für sich alleine

Hier geht der Mensch mit seinem eigen Prinzip, geht mit seinen Prinzipien

Seine Regel darf er suchen und finden, muss letztlich ihr Folge leisten

Nur eigentümlich Prinzipien, führen den Menschen zu sich nach Hause


Bin ich nicht wahrlich in meiner heilig beschützten Mitte

Dringt das Außen unaufhörlich in mich ein

Außenwelt bewegt sich und schreit, ist Tumult, ist des Wahnes Karussell

Äußerliches, sucht selbstverständlich Raum und Eingang in meinem Inneren

Bin ich nicht bei mir, Tür und Fenster offen stehen zu meiner Seel

Ich aus freien Stücken, all den unnütz Wahn ins Innere bitte

Wer will's bezweifeln, nur im beschützt Herzraum find ich heilig Ruh

Nur in mir selbst, in heilig Sphäre, bleib ich unverletzbar

Trostlos Erscheinungsbild der Menschheit fürwahr erschreckend

Nur gut das kindlich Blauäugigkeit vor Erblindung schützt

So wäre die Welt in ihrem finsteren Erscheinen schon längst verloren

Würden nicht die Augen eines Kindes, wie von selbst das Helle sehen

Jedes neugeboren Wesen bringt eigen Willen zur Erneuerung mit sich

Macht die Welt ganz für sich alleine, im Nu ganz Neue

Jeder Sprössling setzt seine unbefleckt Saat, die im Geiste aufgehen mag

Erschafft und lebt in Kinderwelt, in seinem ureigenen Anfange


Ich höre dich sagen, genieße das Leben in vollen Zügen

Genieße es ganz und gar, genieße in gepflegt angemessen Übermut

Ich schmunzle, dein ironisch Beiklang erhörend

Weiß ich doch, das wir beide wissen, das hier von Mittelmaß gesprochen ist

Sicherlich, jener Übermut ist schönes Leben, doch für Wenige nicht genug

Denn es ist des Wahnes Sinn, nah beim Genie, der Entzückung bringt

Hab' ich mein eigentlich Leben bereits verloren

Das Leben längst verspielt, das ich mir einst so wundersam erträumte

Kindestraum der mich schleichend verließ, unverabschiedet in Erinnerung

Stück für Stück, Jahr um Jahr, verschenkt der Vergessenheit

Bist du vertan unbelebt Leben, das ich erwachsen sekündlich beweine

Trauer trage täglich, Trauer für zerronnen Dasein, bist verloren für immer

Und ist mein jetzig Leben, einfach nur beweinen deines Todes bis zum Ende



Hat denn je die nackte Hand, einer Panzerfahrt Einhalt beschworen

Hat denn je ein Mann, durch Macht und Reichtum ein Kind geboren

Hat denn je das laute Wort, gar für winzig einen Staat versetzt

Hat je ein Mensch, im Silberling den Frieden gefunden

Ich denke, man darf getrost die Antwort niemals geben

Und gleichzeitig fragen, warum solch Absurdität dennoch täglich versucht

Mein wahr Innenraum ist Leere

Leer bin ich ganz und gar

Angeschwungen von äußeren Impulsen, entsteht in mir vorübergehend Welt

Mein leeres Behältnis, füllt sich scheinbar an mit Dingen

Menschen flüstern während sie an mir vorüber gehen, sagen, das sei Ich

Jedoch sind dies nur Projektionen, auf innen Leinwand des Nichts

Glaubt mir Gefährten, in mir ist nichts zu finden, denn die Leere

Unsichtbar reines Bewusstsein, das hinausschaut in inhaltlose Welt


Ich schmelze dahin, wie Schneeflocke die in warme Quelle fällt

Löse mich auf wie Butterkeks in schillernd Regenwasserpfütze

Annulliert ist meine Grenze, aufgegeben die Form, entflochten mein Ich

Aufgelöst ist das Individuelle, aufgelöst, die feste alt Persönlichkeit

Ich bin fort und dennoch da, bin bei mir ohne Frage, bin bei dir nicht minder

Ich schenke mich dir, du nimmst mich auf, aus Zwei wird folglich das Eine

Das Elend in der weiten Welt zu sehen, es aus der Ferne zu ertragen

Ist wesentlich leichter, als wenn es gleich nebenan forsch Platz genommen

So ist auch der Kampf im Geiste leicht und sauber ausgefochten

Doch auf dem Schlachtfeld im Hier und Jetzt mit Schmerz und Blut befleckt

Dinge aus der Ferne zu begutachten, bleibt stets harmlos Objektbetrachtung

Im Objekt selbst darinnen, ist es doch ungleich realer, nicht selten Beengend



Sagt man denn nicht, der Weg gen Himmel führt direkt durch die Hölle

Arm in Arm geht der Mensch mit dem Teufel, 666 Schritte auf Gottes Suche

Und sie da, letztlich sind alle gut Freund, sind auf dem Weg zu sich selbst

Dreifaltigkeit des Ich's, Gott, Engel und die Dämonen

Der groß Trugschluss genannt die Hoffnungslosigkeit
Ist wohl einzig wahres Hindernis auf dem Pfad zur Heilung

Ausweglosigkeit ist die ewig Erstarrung, gerad in sich selbst
In ihr atmet der Geist der Verwandlung nimmer mehr

Doch gibt der Mensch mit Mute auf, das Festhalten an jener Falschhoffnung
Erkennt er vielleicht, das alles bereits Heil ist, so Unheil kann heile werden




Man fragt mich nicht selten, glaubst du an Gott
Die Antwort bleibt stets die gleiche, ich glaube nicht, ich weiß

Mit mitleidig Mine, lässt man mich eitel meine Glaubensarmut wissen
Betont ist selig sein durch Besitz des Glaubens, Antithese ist mein Mangel

Ich frage mich still, ist denn nicht bekannt, Wissen ist mehr denn Glauben
Deine Präsenz wäre wohl beweisführend, doch sehen sie dich leider nicht

Du schreibst auf mir, mit deiner alles erklärend Lautschrift

Auch Unverständliches erscheint mir sogleich so schlüssig

Schreibst und sprichst zugleich in mir, die Worte der Liebe

So das ich verstehe das Wunder im Überall

Deine Laute, höre ich allerorts, deine heilig Schrift, sehe ich in jedem Ding

Dein ewig Wort, erklingt in mir zu jeder einfach Stunde


Ich reise auf deiner Kante, oh Möbiusband, du Schleif ohne Ende

Reisen auf dir ist nicht orientierbar, kein Anfang, noch Endung

Hinfort ziehe ich in Liebe, unaufhörlich geradewegs in die Ewigkeit

Ich besuche Leben für Leben, besuch dazwischen den Tod

Zeigst mir auf, das die zwei Seiten die ich seh, nur einer Illusion entsprang

Erinnerst mich stets, das es nur göttlich Einseitigkeit gibt, eben nur das Eine

Ebenso erzählst du, das mein einsamer Streifzug, keine Einsamkeit kennt

Denn all deine Bänder sind miteinand verbunden, kein Wesen ist alleine

Letztlich gibt es dich nur einmal, mayanisch aufgespalten in scheinbar Viele

Kein Beginn, kein Ziel, kein Gestern, kein Morgen, nur das Band des Jetzt

Zuviel Liebe kann dich töten, singt der Mensch im Chor mit Inbrunst

Und ich frag mich, was hat der Mensch nur aus der Liebe gemacht

Ich sehe dich an und bin gewiss, das Liebe deine überirdisch Heimat ist

Frage, hat Menschheit dich im Galopp des Fortschritts gänzlich vergessen

Kann der Mensch denn nicht erblicken, dein Antlitz in jedem winzig Ding

Sieht er nicht, das Liebe, solch Bilder der Angst nicht zu skizzieren vermag


Oh herbstlich Pracht, die in mir solch groß Spektrum Stimmung macht

Dein Farbenspiel ist so facettenreich, wie Diamantenwelt meiner Gefühle

Du zeigst mir nicht nur dein Trauerkleid des Zerfalls, den Tod in drei Akten

Zeigst nicht nur finster Farbe der Depression, grau Loch in das wir fallen

Dein bunt Treiben, lässt mich auch dunkle Farbheit sehen, die Tiefe birgt

Die als Wegweiser, in die Tiefe des Lebens und in unsere Gefühle weist

Auch lässt du mich herznah fühlen, die süße Wehmut der Vergänglichkeit

Enthüllst, wie du Vergangenes hinweg nimmst, Raum für Neues bereitest

Oh Herbstin Farbenpracht, zeigt Skala in mir an, von Demut bis zur Fülle

Mein Reichtum spiegelt sich in deinem, meine Vielheit erkenne ich in dir

Adonai, Adonai, Adonai, singe ich verliebt in meinem Inneren

Du antwortest mir prompt mit der Berührung meines Herzens

Ich singe ein Choral der Liebe zu dir, Außen unhörbar, doch in mir ganz laut

Echo ist unaufhörlich pulsieren deiner Liebe, dein Puls zu meinem Liede

Israel höre ich es in mir sprechen, die meinig Seele wachrufen

Und ich sehe wie gelobtes Land, wie der Himmel vor mir aufgeht


Liebeserklärung, ist sie denn von Nöten

Erklärt die Liebe denn sich nicht ganz von selbst

Will Liebe selbst erklärt sein, oder sucht nur der Mensch nach Definition

Will Grund, will Ursache wissen, will alles wissen, sogar von der Liebe

Besessen ist der Mensch, Dinge zu wissen, die dem Wissen verschlossen

Liebe ist unerklärbar, doch wer braucht schon Erklärung um zu fühlen

Die Gegenwart ist das Erbe aller Menschheit

Vererbt und beerbt, geschenkt und erhalten, wird von jedem einzel Wesen

Des Menschen Handeln, entscheidet über aller geben und nehmen

Jeder gibt und nimmt Mitgift der Vergangenheit, Gegenwart und Zukunft

So sieh in Stein gemeißelt, Niemand kann der Seele Erbe von sich weisen

Nichts und Niemand kann sich seiner Erbschaft entziehen


Wahrscheinlichkeit, meist zutreffend, nicht immer wahr erweisend

Ich frage dich, kann es sein das Feuer des Wahnes gerad über Nacht erlischt

Kann es sein, das dies Feuer das wir alle entfachten, ohne Grund erstirbt

Das Flächenbrand des Wahnsinns, mit Tropfen der Vernunft zu löschen gilt

Wird denn der böse laute Lärm, den Menschheit in die Welt posaunt

In einer Minute der Andacht und des Schweigens, ganz plötzlich stille

Findet das Morden, Plündern, Hungern, jähes End in nächster Stund

Nur weil wir dies verzweifelt wünschen, fordern, wollen

Wahrscheinlichkeit, kannst du Hoffnung geben, kannst ein Hoffen spenden

Das solch Unwahrscheinlichkeit, doch an Wahrscheinlichkeit gewinnt

Die Sonne verfinstert sich auf diesem Erdenschiff

Zwielicht ist entstanden, durch des Menschen dunkel Mörderwolke

Die Luft wird dünner, da Menschgeschlecht der Natur den Atem nimmt

Wer will ihn noch erhören, stillen Klang der Liebe, bei solch laut Klagelied

Wenige, die Wachsam bleiben, sich vom Unheil nicht Heiles nehmen lassen



Alle Hoffnungslichter sind erloschen

Weder Geistesblitz, noch Wissens-Stern, erhellt der Seele Nacht

Nicht eine Funkenspur der Vernunft spendet hier noch freie Sicht

Nichts kann in dieser verwaist Dunkelkammer ein Bild von dir entwickeln

So fragt mich Einer warum, ich kann nur antworten, ich weiß es nicht

Denn obschon hier gerne jeder spricht vom Unmöglichen, ich sehe dich

Mein Herz ist zu liebfruchtbar Tränen gerührt

Gerührt, wenn Menschen mir naturrein Lächeln schenken

Meine Seele ist berührt, wenn ich die Lieb durch ihre Augen wirken seh

Wärmend Dank durchströmt mein Aderwerk, wenn ich schau offene Herzen

Gewiss, mein Herz erglüht, wenn sich offenbart der Menschheit gute Seite

Sodann spür ich, das ich Mensch bin, beschenkt egal von wem, egal warum



Erinnere mich an bös Kindertraum

Traum und Wunsch, Retter und Wohltäter, der mich Langzeit begleitete

Jahrzehnt ist es her, das ich mir sehnlichst wünschte die Todkrankheit herbei

Und es scheint mir gerade Gestern, als die Einsamkeit mir riet zum Tode

Dachte, wenn Hauch des Sterbens mich umkleidet, bin ich nicht mehr allein

All die Menschen kommen mir näher, bedauern mich, lieben mich gar sehr

Verwechselte des Menschen Mitleid mit Mitgefühl, Verzweiflung mit Liebe

Dachte, mein Leben sei unwert, vielleicht im Tode gewinnt es an Bedeutung

Ein Leben just von Mitternacht zu Mitternacht
Ein Leben gerad für diese unerforscht vierundzwanzig Stund

Dies Leben ist das einzig was ich habe, letztlich ist auch dies nur geliehen
Sicher hab ich es nur für Heute und vielleicht auch für den folgend Tag

Diese heilig Stunden von Mitternacht zu Mitternacht
Diese Atempause vom Tode, ist Lebenszeit in der ich das Meine kosten darf

Mein Lebensreichtum, nicht mehr, nicht minder, alles was zu mir gehört
Geschieht inzwischen beider Nächten Glockenschlag



In der Kirche ein Pfaffe, ungebeten zu mir spricht
Spricht von heiligem Boden, vom geweihtem Grund auf dem ich steh

Ermahnt mich mit erhoben Zeigefinger, mit erhoben Hand gen Himmel
Soll hüten mich vor'm Selbstmorde, sonst wäre mein Platz hier verwirkt

Kirch und Friedhof, ich brauch sie nicht denk ich mir, heilig hin, heilig her
Doch frag ich mich bei Gott, ob demzufolg der Boden draußen unheilig wär

Hab Tisch, hab Bett, hab Brot, hab sichtlich keine Not

Hab alles, was des Menschen Herz begehrt und mehr

Hab Wurzeln, hab Wohl-bekanntes, was mich mit selbst Sicherheit beschert

Hab Gesellschaft ach genug, sogar gut Freund, an dem das Herzen hängt

Hab also Wohnung, Mensch und einiges an Ding, dennoch ist mir Heimatlos



Alle Menschen sind gleich, am tiefen Meeresgrunde der Vergessenheit

Bekannt werden sie erst, aufgetrieben an die Oberfläche ins öffentlich Licht

Unbekanntes steigt auf bläschenhaft, erklimmt Oberfläche des Bekanntseins

Und so wandelt sich klein grau Bläschen zur bunt aufgeblasen Berühmtheit

Doch sei niemals getäuscht der Mensch, das er was Besonderes wäre

Einzigartig ganz gewiss, Einzigartig, wie jeder andere Unbekannte auch

Aller Reichtum, alles Ding, ist letztlich ohne Sinn

Was zählt ist ganz alleine das Leben, welch bekannter Weis unbezahlbar

Wie man eben ahnt, alles von echt Wert, ist mit Mammon nicht zu kaufen

Nicht erwerben kann man jene Kostbarkeit, nicht finden, noch verlieren

Doch ist hier keine Not, wer braucht schon, was längst in seinem Besitze

Denn alles was von wahr Wert, ist stets hier bei uns, Innen und Außen



Ein Mensch muss wollen, sonst gedeiht sein Wille in Ungutes und bricht

Müssen, muss gewollt sein, damit es kein Muss ist, das keiner will, doch hat

Die Formel ist eindeutig, muss ich gar ohne zu wollen, ist es nicht Meines

Doch will ich aus Herzen, so das ich muss, ist es mein Müssen zum Ziele

Wildpferde, eine große Herdenschaft, grasend auf der Weide
Genießen Halm für Halm, ihr Genuss ist paradiesisch unbewusst

Generation für Generation, leben und sterben sie, in ihrem kleinen Tale
Stund für Stund, Tag für Tag, atmen sie ein, ihren scheinbar behütend Staat

Manch Hengst spricht von der Hölle jenseits des Tales
Manch Stute erzählt die Mär ‚vom Dämonen hinter'm Berg

Man soll nicht, darf nicht, kann nicht ohnehin, ist Refrain ihrer alten Lieder
So meint jeder alte Gaul zu wissen, das Zukunft jenseits vom Tal unmöglich

Eines Tages wurde ein Fohlen geboren, ihm war Wissen der Herde fremd
Das es nicht geht, war ihm nicht klar, das man nicht darf, war ohne Logik

Ohne Argwohn, frei von Gesetz, frei von Wissen, floh es leichtfüßig davon
Wen mag's wundern, er fand vor ein Tal, Gras noch grüner, honigsüßer Klee

Zurück ließ es Herde in Unbewusstheit, ohne Wissen vom köstlich Nebenan
Zurück ließ es ein Drittel seiner Herde, welch dem Schlachter verschworen

Zurück ein weiteres Drittel, gefangen, gezähmt, gesattelt, sodann gesporen
Weiteres letztes Drittel, ließ es zurück, ganz in der Unbewusstheit verloren

Dehnungsübung meiner persönlich Grenzsetzung, ist groß Spagat

Frage mich stets, bitte ich herein, oder sende ich Signal, möchte alleine sein

Stete Einsamkeit ist passe, Enge im eignen Raume, ist mir auch nicht lieb

So stellt sich täglich Frage, wen lass ich rein und wer darf draussen bleiben

Lass ich über meine Grenzen treten, oder jage ich mit forschem Tone hinfort

Lass ich Invasion über mich geschehen, oder halt mit Gewalt Quälgeist fern

Wie es auch sei, wird es subtil oder grob übertreten mein Intimes, ich blute

Und es fordert in jedem Falle, stets das große Gewissens-Spagat meinerseits


Einsamkeit treibt den Menschen oft zur akribisch Innensuche

Umgepflügt wird inner Zerbrechliches, umgedreht jeder klein Seelenstein

An der Vernunfthand der Psychologie, geht der Mensch durch Jugenddrama

Knietief durchwatet er den Qualenmorast der Kindheit, auf sinnlos Suche

Gefunden wird nichts, außer groß Schmerz und göttlich Fingerabdruck

Schmerz und Nichts wird aufgebläht, Engelsspuren jedoch pathologisiert

Endlich der Ohnmacht geschenkt, sieht Mensch latent Hände die ihn trugen

Begreift, das er sich nie alleine fand, erlebt hiernach friedlich Zweisamkeit

Welch Kind auf Erden, hat noch nicht Eltern zu Tod gehasst

Welch Mutter nicht verwünscht eignes Blut, Kind im Geiste hinweg erbeten

In Verzweiflung überkommt den Menschen so manch arg Gefühle

Im Griff der Ohnmacht, ist schon mancher gefahren aus besagter Haut

Dies ist gewiss menschlich, keineswegs dämonisch, Liebe liegt gar darunter

Doch köchelt dies oft als bitter Sud der Schuld lebenslang, foltert das Wesen

Im Innern brodelt Ausbruch der Gefühle oft auf Ewig, verfinstert die Seel

Den Geliebten gehasst zu haben, ist für manch Mensch lang unerträglich

So bitte ich im Namen Gottes und Engelscharen, der Natur und Universum

Mensch verzeih dir Unvollkommenheit, Liebe ist einzig sinnvoll Antwort

Du gibst mir unbegrenzt Kredit, verleihst mir dein ganz Vermögen
Schenkst mir Glaubwürdigkeit, auch wenn ich mir selbst nicht trau'

In deinen Augen hab ich schon alles verdient, hab bereits alle Lieb in Besitz
Dein Vertrauen ist längst meines, denn ich bin dein glaubwürdig Seelenkind

Und ist meine Schuldenlast noch so schwer, mein Bankrott arg und unerhört
Leugne und verrate dich ein Leben lang sogar, stets Glaubhaft bleib ich dir

An meiner Bonität zweifelst du keine Sekund, Vortrefflich nennst du mich
Dachte, ich leb auf deines Hauses Hypothek, doch du vererbst mir Reichtum


Du bist Hammer und Amboss, dazwischen ich träumend liege
Schlägst mich mit deiner Liebe hauchdünn, wehrig Masse die ich bin

Beharrlich modellierst du mich mit deinen liebvoll Schlägen
Gibst mir Transparenz, bis man Dich, durch mich hindurch erblicken kann

Jedes schlagend Pulsieren deiner Liebe, erweckt mich von innen heraus
Erweichst meine Seele mit zartem Klopfen, bis du zum Vorscheine kommst

Bist Sprossenleiter, an der ich sicherlich den Himmel erklimm

Bist mein bester Freund, der mir weggefährtig stets die Richtung weist

Bist die flötend Pfeife an meinem Wassertöpfchen, ertönend wenn ich siede

Bist mein Innen, bist mein Außen, bist Unsichtbar, bist alles was ich seh

Bist einzig und alleine, Wesenheit welch ich niemals verloren nennen kann

Obschon ich den Verlust oftmals denk, dich unentwegt such und finde


Ich schau erschrocken auf das Schwarz unter meinen Nägeln

Komme mir beschmutzt, nicht richtig, nicht ordentlich gekleidet vor

Doch rufst du mir entgegen, als Dunkles unter meinem eigen Fingers Nagel

Ich bin es dein Herr und Gott, verurteile nicht das Weltlich für das was es ist

Sogleich denk ich unerhört, kann Finsteres auch gleichsam so Erhelltes sein

Mein Gedanke gewusst, bescheinigst du mir getrost die Farbenblindheit

Betonst mir hoch und heilig, das du in jedem Ton zu finden seist

Schwörst mit deinem eignen heilig Schwure, das du im Überall zuhause bist

Ist es Genie oder Wahnsinn, das ich mich bei allem Freu und Scheu

Das ich in allem wenigstens zwei Seiten seh, oder gar Multiples vermute

Beim Freudigen zwar frohlocke, doch stets auch möglich Schadhaftes erahn

Bei allem das Erschreckt, mich auch mit Lebendigkeit beschenkt empfind

Ist es Genie oder Wahnsinn, das mir Gut und Böse einerlei erscheint

Ich willkommen heiß einfach alles, das mir mein Menschsein beweist

Dein Antworten macht mich stille, besänftigt mich mit heilend Ahnung

Du betonst, meine Vielfühligkeit ist Liebesbeweis, Liebe zum irdisch Leben


Hochmut wächst allzu gern zum Grössenwahn

Mensch spinnt sich im Geiste zum Riesen, macht Gott zum Zwerge

Menschlein fühlt sich schnell gar tolle, doch Einsamkeit ist sein Gefährte

Dem Gott Großen, die Größe geschenkt, schrumpft Mensch ins Natürliche

Klein in natürlich Größe, fühlt sich Erdenkind behütet, Einsamkeit verloren

Gibt der Mensch dem Gotte rechten Platz, findet sich ein, die große Einheit

Treue gibt es nur die Eine

Denn wahrlich treu kann der Mensch nur sein, seinem eigen Selbst

Erscheint nicht in diesem Lichte, jeglich andere sogenannt Treue als Lüge

Zeigt sich gekürzt auf's Wesentliche, nur als Untreue am Menschen selbst

Nur Gott und der Mensch wissen von des Menschen eigen Wahrheit

Wissen im gemeinsam Zentrum, der Kompromiss findet hier keinen Ort

Und es sei betont, Gott ist hier nur Mitwissender, nicht Wahrheitsspender

Der Mensch selbst besitzt unantastbar eigen Wahrheit, der er treue schwört


Einzig in meinem heilig Innenraume, bin ich unabhängig, bin ich frei

Im Innern, auf meiner Reise zu mir selbst, bin ich befreit von jeder Regel

Denn draußen in der Welt, ist alle Souveränität letztlich bloße Illusion

Bindung an Umwelt, Bindung an den Mitmensch, ist im Außen Gesetz

Ob an Wasser, Brot, an Mensch und Liebe, gebunden sind wir an's Gefüge

Gefangen sind wir im feingesponnen Netze der sozialen Abhängigkeiten

Nur tief in uns, sind wir wahrhaft frei von aller Bevormundung

In uns, in unserer eigenen Welt, sind wir Gott und Kreatur zugleich

Ob Papst, Popstar, Attentäter

Ob Diktator, Guru, Volksvertreter

Ob Mörder, Rebell, Held des Krieges

Ob Menschenfreund, Tyrann, ob Missetäter

Waren denn nicht allesamt einst ahnungslose Kinderseelen

Ist nicht jeder von ihnen, Mensch ohne Namen unter dem äußeren Schein

So vergesset nicht Völker, kein Menschenkind wird als Despot geboren

Ein jeder wächst Tag für Tag in seine Rolle



All die Furcht vor der Zukunft

All die Furcht vor dem Kommenden

All die Furcht vor nächster Stund und Tag

All die Furcht vor jedem folgend Augenblick

Addiert ist üppig gefürchtet Zukunft, ein Später das uns dunkel erwartet

Das ich mich frag, findet inmitten all den Ängsten, Liebe noch Zeit und Ort

Passt hinein Sonstiges, zwischen Schreck und Angst des kommend Morgen

Findet hier noch Platz in geistig Enge, ein klein Willkommen im Heute

Der Weg vom bloß Verdacht zur Paranoia, ist gar ein Kurzer mit Eile

Der Weg zum Vertrauen allerdings, ist eher ausgedehnt mit groß Geduld

Auch misst der Pfad zur Erleuchtung weite Strecke, eine dreifach Ewigkeit

Der Todsprung vom Rückschlag in die Resignation ist deshalb ein leichter

So will ich behaupten, verlockend Abkürzung führt gerne direkt in die Hölle

Geduldig Gang leitet eher in den Himmel, obwohl uns beide gleich nahe

Schlechte Gewohnheiten gewinnt man schnelle, verliert sie doch schwerlich

Gute Angewohnheit bedarf Zeit und Ruh, doch geht sie geschwind verloren


Das Leben ist ein bizarr Streichelzoo, erklärt mir eine weise Eselin

Doch wer ist Wärter, wer wird gestreichelt und wo sitzt der Floh im Felle

Obwohl offen Geheimnis, für viele ist unerklärt, wer ist Direktor im Hause

Wer ist die schaffend Kraft im Hintergrund, wer hält die Schar beisammen

Allvater, viele Schäflein der Herde tragen Scheuklappen, sehen dich nicht

Möglicherweise ist auch die Gottesblindheit zur Volkskrankheit mutiert

Ich sah auf der Erle sich streiten, zwei Hühnervögel um ihren Glauben

Auf einem Baum ist wenig Raum, gerad noch weniger auf dürrem Zweige

Mein Gott ist der Einzige, kräht der eine Streithahn mit Überzeugungskraft

Meiner ist wahrer als er Deine, kontert der andere, nicht weniger bewusst

Nun ja, Jahrtausend lang Geschichte, der Zeit wegen ganz kurz gemacht

Wenn zwei Götter sich derweil tummeln, ist nicht selten Mangel am Platze

Und gerad auf einzel Zweig, ist Raum um so knapper, für Zwei ist kaum Ort

So sägt der Eine an des anderen Ast, letzt am Eigenen, wer fällt wohl tiefer


Einem geschenktem Gaul schaut man nicht ins Maul

Wie wahr, sagt doch der Vorwitzige, der zu tief hineingeschaut gebissen

Geschenk nehmen, gar ablehnen ist recht leicht, Geschenk bleibt unbelastet

Motiv des Schenkens erst hinterfragt, kann Gewissen mit Schwere belasten

So ist wohl wahr, dem Gaul zu tief ins Maul geschaut, kann Sorg erwecken

Jedoch wer nicht späht, dem bleibt des Schenkers Herzensfarbe verborgen

Zwei Eichen der philosophisch Fakultät beim täglich Tratsch und Gang
Suchen geübt die großen Themen des Lebens, jonglieren damit ohne Bang

Weist du ich befürchte, die Welt ist erkrankt am Menschen, spricht der Eine
Auf Wald und Wiesen, in Natur und Flur, er gedeiht wie die herbstlich Pilze

Wenn er denn so munter weiter wächst, stirbt seine Mutter Erde und er mit
Der Gattung Mensch scheint natürlich Miteinand, die Harmonie wohl fremd

So erwidert der Andere, wohl der Optimist in diesem philosophisch Duo
Du hast wohl recht mein Freund, der Mensch richtet die Erde zugrund

Doch getrennt war der Mensch von der Erde nie, mit sich ist er im Streite
Sie sind füreinand da, sind füreinand geschaffen, ihr Streit ist familiär Natur

Und deshalb schadet er sich zwar selbst und seinem mütterlich Lebensraum
Aber er liebt, bestaunt, hegt und pflegt es auch, sein ehrwürdig Mütterlein

Vereint leben sie und vereint sterben sie, ihr Ende finden sie ehelich vertraut
Beide sind füreinander da, in guten wie in schlechten Zeiten, ein gutes Paar

Ein Mensch wird geboren, das Leben kehrt schonungslos in ihn ein
Seine Antwort ist Wollen und Fürchten, mit einem neurotisch Lächeln

Mensch wächst, wird erwachsen, das Leben fordert ihn zu jeder Stund
Schuld und Scham zeigt Antwort, Er hat nun gekeimt neurotisch Lachen

So ist und bleibt alles was er tut kindlich Neurotisches, der Götter Freude
Doch wird Er sich dessen gewahr, Bewusstsein beglückt Mensch und Gott


Kind verleiht dem Ding Bedeutung, hat von Wichtigkeit keine Ahnung
Doch hat das Wichtig sein erst Kraft gewonnen, Bedeutung geht dahin

Kommt das Alter Jahr für Jahr, Lebenserfahrung kupiert Wichtigkeit gewiss
Aufgebläht Wichtiges verliert sich in der Zeit, Bedeutung ist erneut geboren

So ist die Purheit des Seins dem Kind gegeben, Unbewusstheit darüber auch
Der Greis aber, findet er wahr Bedeutung wieder, erlebt sie in Bewusstheit

Welch Mensch geht denn unbequem Weg aus Menschenfreundlichkeit

Welch Mensch beisst freiwillig in sauren Apfel, gibt Nachbaren den Süßen

Wieviele legen schon Egoismus beiseite, verschenken sich in Nächstenliebe

Wer nimmt sich selbst schon zurück, zum Wohle seines Nächsten

Warum gelüsten wir solch Tat von Kindern, was kaum Erwachsene leisten

So Eltern dieser Erde entscheidet für das Kind, ertragt das ungeliebt sein


Mein wundes Herz liegt blank, ist schutzlos im großen Raume

Das jeglich klein Geräusch mich krampfend zusammenschrecken lässt

So wund und offen, das ich jed Impuls von Außen, als Invasion erkenne

Mein Herz liegt blank, einem gehäutet Tiere gleich, vom Hauch erzitternd

Mein Sein ist wehrlos, Machtlos bin ich nun, bin ohne sicher Hülle

Das ich einzig Schutz such den es gibt, Schutz in deinen Hüters Armen

Der Mensch ist Überlebenskünstler, so weiß jed Kind früh was es will

Dies zu bekommen, Kinderseel verführt mit groß Lust die Erwachsenwelt

Natürlich, menschlich, ist dieser Hang, so wollen wir ihn nicht verteufeln

Ist es doch dem Kinde selbstverständlich, zu bekommen was es will

Doch Obacht liebe Leut, je größer die Schuld, desto größer die Hebelkraft

Einem natürlich Wollen zu widerstehen, ist ohne Schuldgefühl ein leichtes

Doch mit Bürde mutmaßlich großer Schuld, ist Widerstand bald Unmöglich

Es ist Heldentat wenn Mutter widersteht, wenn Kind die Hebelkraft entfacht

Denn ist Hebel der Schuld ans Mutterherz erst angesetzt, oh Weh, oh Weh

Sodann ist Selbstliebe einzig Rettung, Keiner ist gefeit, das geht uns alle an


Bequem sind die Bürger, kein Meter wird gegangen ohne triftig Grund

Doch gibt's etwas umsonst, wachsen sogar dem Lahmen prompt die Flügel

Man mags nicht glauben, wie arg der Mensch getrieben ist vom Vorteile

Sein Profit ist ihm letztlich zwingender, als sein tatsächlich wahr Bedürfnis

Die Antriebsfeder ist meist trauriger Weis, sein lüstern nach Bereicherung

Dynamisch macht ihn nur die Gier, vergessen ist gar sein inner Reichtum

Die Gewohnheit zeigt sich ein manches Mal als lästig Geschmeiß
Der um Fladen kreisend Fliege gleich, die Ruh sucht auf meiner Nasenspitz

Hat das Gewohnte erst Platz genommen, fällt das Abschied nehmen schwer
Verscheuchen mag ich es aller ernstes, doch klebt es an mir mit aller Kraft

So wenn ich's recht bedenk, es wundert nicht, es geht ihr um's Überleben
Denn hab ich Gewohnheit erst mal abgelegt, geht sie schließlich von dannen

So leuchtet auch ein, das sie sich nicht selten wehrt mit Händ' und Füß'
Bis sie endlich das Feld doch räumen mag, Raum schafft für eine Andere


Wenn ich eintauche in dein unendlich Meer der Liebe
So löse ich mich gänzlich auf, bin das gleiche nimmer mehr

Als einsam Tröpfchen entschwinde ich, find mich wieder in deiner Seel
Und obwohl ich eins bin mit dir, mich nicht vermisse, bin ich dennoch da

So bin ich niemals getrennt, doch ebenso apart, bin irgendwie noch mehr
Wundersam nehm ich uns miteinander wahr, in einem gemeinsam Tanz

Und ich erinnere mich, wie ich oft nur meine Fingerspitze in dich versenke
Und deine Oberfläche gerät in Wallung, umspült mich sogleich mit Wärme

Gott schaut von Zeit zu Zeit in seine freigeistig Hosentasche

Vor findet er selten Neues, doch stets weitere Brotkrumen der Menschenheit

Gefärbt ist das Brot der Völker, gefärbt mit dem Glauben aller Länder

Krümel der Christen, Muslimen, Krümel der Hindus tanzen hier bunt umher

So purzelt Allerlei von Eck zu Eck, auch Judentum und Atheisten sind dabei

Gott schüttelt seine Tasche liebevoll leer, und beult sie mit Verständnis aus



Das Umherirren im Irrsinn, ist gewiss nicht mehr, als unschuldig Irren

Ist doch weder böse, pathologisch, noch des Teufels; ist einfach Verfehlung

Sangen nicht schon die Götter der Lateiner im Chore, errare humanum est

Sangen nicht die Götter, irren ist menschlich, und es war im Nu verziehen

Warum nur, ist es dem Menschen so schwer, sich eigen Unsinn zu vergeben

Kann Er im Irrwege nicht tief Sinn erkennen, erkennen sein Nachhauseweg

Es ist so mühelos für Jedermann, sich seine eigens Hölle zu erschaffen

Doch wie schwer fällt es dem Menschen, das errichten seiner Himmel

Schon winzig Schmerz, Funken kleines Leid, reicht ihm Hölle zu entfachen

Ein kleines Glück lässt er hingegen, ungern zu seinem Himmel gedeihen

Ganz im Gegenteile, macht der Mensch im Nu großes Glück ganz klein

Sieht mit des Herzens Augen nicht, das er bereits im Himmel ist


Ich atme ein, ich spüre die Liebe

Ich halte inne, und ich spüre die Liebe

Ich schaue nach Innen, ich spüre die Liebe

Ich blicke stauend in die Welt, und ich spüre die Liebe

Ich komme ans Ende der Vernunft, ich spüre die Liebe

Ich verliere letztlich den Verstand, und ich spüre die Liebe

Gewiss, gewiss, Du bist stetig Gast in meinem Zuhause

Ich fühle dich in jedem Molekül, wann immer ich meine Flügel spreize

Warum eilt der Mensch von Tag zu Tag, bleibt Ziel doch unerreicht
Warum rast der Mensch von Sekund zu Sekund, die heilig Frist verpassend

Ist nicht Eile von großer Unnot, bringt nur kleinen Tod des Augenblickes
Ist nicht die Langsamkeit angeraten, denn die Ankunft, das finale Bestreben

Kann Mensch denn nicht sehen, das es Ziele im Dort und Hinfort nicht gibt
Nur Heimkehr in das heilige Hier und Jetzt, hier wo ziellos Frieden wohnt



Hier sitz ich, einsam Karikatur des traurig unerhört Philosophen
Einsam wunderlich Mensch, trag den Trauerflor der ganzen Welt als Kleide

Oh ja, verstehen tue ich sie, die an Menschlichkeit gescheitert Menschenheit
Gleichwohl, zurück bleibt in Einsamkeit an diesem Platze, mein grotesk Ich

So sitze ich hier nun alleine, zwar im hell Scheine der Anwesenheit Gottes
Doch als wissend Mensch unter Menschen, im einsam Gesellschaft Lichte

Es schreit aus vielen Mündern, nötig ist führend harte Hand im Lande

Ahnt der Schreihals nicht, das jene Hand ihn alsbald selbst erschlagen mag

Gewiss, ganz ohne Frage, Führung ist angebracht, liebevolle auch strenge

Doch niemals die Hand der Gewalt, die denjenigen zerstört der aus ihr frisst


Ich verbrenne in des täglich Gemütes Höllenglut

Verbrenne in der reinigend Hitze von groß Trauer und Pein

Verglühe all mein Geistig Hab und Gut

Verglühe im Schmerz bis nichts mehr von mir übrig bleibt

Nichts mehr Dasein pflichtet, das ich gerne mein Wert-Ich zu nennen pfleg

Das einzig was jetzt noch vorhanden als das meine, ist dein herrlich Du

Oh selbsternannt gefangen Mensch

Neide mir nicht, meine frei entschieden Freud der Freiheit

Sind wir doch freiwillig beide am Platze, wohin wir uns entschieden

Ich grolle nicht, das du mich hier im freiheitlich Paradiese alleine lässt

Ich schenke dir im Gegenteile, mein Mitgefühl für dein eigen Entschluss

So bitte ich dich, schenke mir dein möglich Miterfreuen

Siehe, wir sind wohl die sprichwörtlich zwei Seiten einer Medaille

Zweifellos, dein heilig Gral, ist die grotesk Sicherheit der Gefangenschaft

Und mein Heiligtum, ist die Unsicherheit einer unbezähmbaren Freiheit



Vom Regen in die Taufe

Vom außen Gestürm ins göttlich Auge

Vom sogenannt Zerwürfnis geworfen in elementar Verbundenheit

Vom trostlos Pfad geführt ins tröstend gelobte Land

Ja so sind die Wege des Herrn, gerne der Vernunft des Menschen entgegen

Unergründlich sind sie stets, und nicht selten verwunderlich in ihrer Weise

Ein Klosterschüler fragt seinen Lehrer, wann tut man gar das Richtige
Der alte Mönch bestaunt ihn mitfühlend, antwortet sogleich mit Gegenfrage

Stell dir vor du erfährst, ein lieber alter Mensch hat in seiner Jugend getötet
Wie begegnest du ihm im Jetzt, kannst du ihm die alt Gräueltat verzeihen

Stell dir vor, ein Mensch tötete Gestern, oder gar Heute in lieb nächster Näh
Was ist da dein Fühlen, was ist dein Handeln, kannst du hier verzeihend tun

Stell dir vor, es ist gewiss, fremd Kind begeht in kommend Zeit das Morden
Willst du es hindern, inhaftieren, es gar töten um sich künftig Tat zu wehren

Stell dir vor, dein eigen Blut wird meucheln in seiner Zukunft viele Male
Was ist zu tun, wirst du aufhalten dein Kinde, ist Verzeihung deine Antwort

Frage dich, ändert das Wer, das Wie, das Wann, dein Fühlen, dein Handeln
Frage dich, ist nicht richtiges Tun unabhängig von Zeit und Persönlichkeiten

So kannst du jenen Fragen ohne Schuld und Scham die Antwort schenken
Dann ahnst du wohl, was es heißt, für einen Menschen das Richtige zu tun

Wer erwachen möcht so gerne, muss eben zuerst im Schlafe sein
Erleuchten tut man doch ebenso, aus der Dunkelheit heraus
Gleich dem Bewusstsein, das schlüpft aus dem Ei der Unbewusstheit

Wer fliegen will, muss gewiss bereit sein zu stürzen

Um ein Engel zu werden, muss Mensch vielleicht zuvor auf die Erde fallen

So sind gefallene Engel, möglicherweise aufrechte Menschen

Doch Obacht, nicht immer sind Rückschlüsse schlüßig

So könnte man zwar meinen, wer gestorben ist, sollte auch gelebt haben

Doch trifft das wirklich immer zu



Kein Außen macht das Innen jemals reich

Kein weltlich Prunk füllt der Innenwelten Leere

Kein Mensch kann einem anderen schenken, was er selbst in sich vermisst

Keine Wahrheit der Vernunft, kann eine Lebenslüge zum Weichen zwingen

Kein Stern kann dem Seelendunkel Hellung bringen, wenn Tür geschlossen

Nur im Rendezvous mit der Liebe, findet der fliehend Mensch seine Ruh

Es ist wohl nicht von Erfolg gekrönt

Im Raume der Undankbarkeit um Dankbarkeit zu bitten, gar zu heucheln

Den inner Raum der Dankbarkeit aufzusuchen, scheint hier ungleich weiser

Denn kann man dort nicht Dankbarkeit auf natürlich Art und Weise erspüren

Macht sich etwa Mensch, der in Winters Kälte steht, unnütz warm Gedanke

Nein, er weicht anstatt dessen der Kälte aus, geht lieber in die warme Stube

So ändert sich in beiden Fällen nicht der Ort, falls Örtlichkeit nicht wechselt

Kalt bleibt es im Kalten, undankbar bleibt es, wo Undankbarkeit zuhause ist



Ist nicht der Mensch das Kaleidoskop Gottes

Schaut nicht Gott durch des Menschen Prisma tausend Erden

Schaut durch des Menschen Augen das Irdische in mannigfaltig Pracht

Erlebt letztlich durch den Menschen das Individuelle, staunt Einzigartiges

Das vom Menschenauge im Augenblick Erblickte ist ein relativ Bild
Ist stets Mischung aus dem was Mensch sehen will, Mensch sich erwünscht

Ist Melange aus dem was er fürchtet, und dessen Anblick er scheuen mag
Angst und Wunsch vermischt, ergeben Allerlei, so sieht man eigen Gebilde

Des Menschen Fenster in die große Welt hinaus, ist stets ein winzig Kleines
Ist gerad so, das er sieht die Kleinigkeiten die ihm geneigt, oder missfallen

Schaut er rote Rosen suchend auf das Felde, übersieht er schwarzweiß Kuh
Übersieht gar das was ihn stillen könnt, köstlich Milch die Sättigung enthält

Sucht er mit ängstlich Blick die Biene die ihn sticht, ist er Blind für's Liebe
Ist das Auge nur offen für den Pein, mag er die süße des Honigs nicht kosten

So sieht ein jeder was er will, ignoriert vielleicht was er sehnlichst braucht
Und der Wahrheit Angesicht, bleibt somit den meisten Augen verschlossen

Wer verurteilt wohl den Eskimo, weil er das Robbenfell am Leibe trägt

Wer verurteilt wohl den Bettelmönch, weil er um eine milde Gabe fragt

Wer verurteilt schon die Katze, die im Nest der Nachtigall heimlich wildert

Wer verurteilte je reißend Fluß, weil er Tier und Mensch das Leben nahm

Welch Bewohner Pompejis verurteilte des Vesuvs Asche die ihn eins begrub

Und wer verurteilte je Adam, weil er den gereichten köstlich Apfel aß

Wer verurteilte je Haut des schwarzen Babys, weil sie vor der Sonne schützt

Und wer verurteilte je Sonnenlicht, weil es Leben und auch Tod bringend ist

Manch Ding ist im rechten Kontext eben recht und billig, kaum hinterfragt

Doch einst geschah der Wandel und gar der natürlich Fehltritt wurde tabu


Ich nehme ein meinen Platz im Saale der Armut

Inmitten des Hungers und Seelenleides, fange ich im Inneren an zu glühen

Licht und Wärme strahlt aus mir heraus, erleuchtet diese Kirche

Tiefe Stillung nimmt Wohnung in mir, genährt von Gottes Anwesenheit

Mich durchströmt die Kraft des Heiligen, spüre sie in jeder einzel Zelle

So stellt sich die Frage, fühlt sich in dieser Weise ein Heiliger

Es ist der täglich Seelenschmerz, der mir zum Abschied rät

Es ist der Wahnsinn auf Erden, der mir Scheibenweis die Lebenslust stiehlt

Es ist Lieblosigkeit für Mensch, Natur und Tier, die meinen Atem lähmt

Es ist Kälte in den Herzen die mir Grauen bringt, das ich nach Wärme sinn

Es ist Sinnlosigkeit in des Menschheits Tun, die in mir Lebensmüdes weckt

Doch sag ich mir, heute bleib ich noch, das Gehen bleibt mir auch Morgen


Ist das Erkranken an Weh-Gesellschaft, nicht Folgeschritt ins Gesunde

Ist nicht allergisch Reaktion auf unlieb Lebensraum, Indiz des Unwohlsein

Ist nicht gerad die Geisteskrankheit Beweis, das der Zeitgeist vergiftet ist

Ist nicht Manie und Wahn, zuletzt Ausbruch aus dem Gefängnis der Realität

So frag ich mich, ist nicht all unsere krankhaft Reaktion eine Natürliche

Ist nicht des Peines Epidemie, verzweifelt Versuch den Heimweg zu finden

Dein Umarmen ist Tod und Wiedergeburt

In deinen Armen stirbt mein kleines Ich, geboren ist meine wahre Größe

Du und Ich, in still Umarmung, es ist mein Gebet, es ist Liebe vollkommen

Du bist meine allgegenwärtig Kirche, so bin ich Altar aus Fleisch und Blut


Warum fühl ich mich bloß so daheim bei dir, oh süße Traurigkeit

Ist es wohl, weil ich gar in deiner Nähe, auch mir gleichsam Nahe bin

Ist es denn vielleicht gerad dein Sinnen, das ich mir näher komm'

Ich in Berührung mit deiner Wahrheit, Oberflächlichkeit der Welt entrinne

Ist mein Wohlsein in deiner Gegenwart, so lind, so heilsam, so behütend

Da du mich stets unbarmherzig erinnerst, wo meine wahre Heimat liegt

Weil du mich ermahnst an inneren Sinn, der in Außenwelt längst vergessen

Traurigkeit, ich ahne im Herzen, das du mir zu sagen pflegst, ich liebe dich

Stabilität findet der Mann mühelos, wenn er innere Frau ignoriert

Ebenso gilt dies für die Frau, die ihren männlich Teil inhärent niemals sah

Doch der Preis für Festigkeit ist hoch, die Hälfte des Menschen ist verloren

Indes nur Winzigkeit vom anderen Geschlecht erlebt, eröffnet gar Universen

Doch gewiss, ist Beides erst zugelassen, Stabilität schwankt und wankt

Ungleich dem Beben das folgt, wenn Mann und Frau im Mensch erwacht

Hier ist Stabilität nicht leicht zu finden, sicherlich ein heldhaft Unterfangen

Und letztlich gibt dieser göttlich Fusion nur die Liebe ausgleichend Balance


Marschierst du mit den Legionen, musst du ihren Liedern lauschen

Läufst du Mann an Mann in einer Linie, wirst du seinen Gesang erhören

Es ist sicher, solange du sein Laufgeselle bist, hörst du auch sein Flehen

Nur wenn dein Weg sich von dem seinen scheidet, verstummt der Jammer

So frag dich stets wohin du gehen willst, alleine, einsam, oder in der Truppe

Denn deine Entscheidung bestimmt Gesang, Ziel und das Credo der Fahne

Seit ich denken kann, ist mir jeder Tag zu viel

Seit ich denken kann, ist kommend Tag die ewig Hölle, überleben das Ziel

Was für die meisten Menschen bloß Alltag, ist zivil Attentat auf mein Leben

Jede Stunde ist mir schwer zu tragen, rückblickend war das Leben untragbar

So durchschiffe ich täglich einen Ozean mit orkanisch Wellen, halte Stand

Und würde mich Gott nicht täglich retten, wäre mein Boot längst versunken



Kommst du, oder gehst du, frage ich, wenn ich mich alleine fühl

Komm doch und bleibe, erbitte ich, wenn Bedürftigkeit in mir ertönt

Komme doch und erlöse mich, erflehe ich, wenn Verzweiflung mich quält

Doch deine Antwort ist stets nur die eine, Ich bin

Ich schlief den dreißigjährig Schlaf, träumte mein eigen bös Alptraum
Bewusstsein war inhaftiert in Unbewusstheit, wusste nichts von wahrer Welt

Dann erwecktest du mich mit deinem Odem, des Trübsinns Vorhang lichtete
Ich war erwacht in einer Welt, in der Du atmest von einem End zum anderen

Nun lebend Tag für Tag einatmend dein ausatmen, ist Sinn in allem offenbar
Wie könnt ich jetzt noch leugnen, das alles aus deinem Munde stammt


Der Mensch existiert in der Sekunde, gebunden im Hier und Jetzt
Gott wandelt sichtbar und unsichtbar in der Ewigkeit

Der Mensch lebt auf der Erde, lebt in seinem Körper in Umhüllung
Gott bewohnt nicht weniger als das Überall

Der Mensch sitzt gefangen im Moment, arretiert in der Zeit, im Raum
Gott frei von jeglich geistig Architektur, steht Außerhalb von Raum und Zeit

Grenzerleben, Erdgebundenheit, ist was den Mensch zum Menschen macht
Seine Freiheit kann er in Schwerkraft erringen, in dem er sich Entscheidet

Ja es ist sicherlich erbaulich, ein wertvoll eigen Haus zu besitzen

Doch sei betont, bepinkelt wird die Ecke eines Hauses gerne vom Hunde

Und ist ein Haus erst markiert, werden andere Rüden zum Selben animiert

Ähnlich ist es auch mit des Menschen Geist, der in seinem Körper wohnt

Belebt der Mensch nicht Körper mit Freigeist, möcht jeder Einzug halten

Vom Leerraum ermuntert, will ein Geist den anderen zu dem seinen machen

Wisse, bewohnt ein Mensch seinen Körper nicht mit seinem eigen Geist

Wittert rüder Mitmensch dies sofort, setzt sein Geistesbrandzeichen im Nu

In Geistfreiraum zieht er ein, will Gewalt haben über des anderen Gedanken


Auch wenn ich nicht selten denk, es sei ein Fluch auf Erd zu wandeln

Bin ich in gleich Zahl mit Dank erfüllt, das ich als Mensch hier zu Gaste bin

Jede Sekund, jede Stund, sei sie auch irdisch verhext, ist Geschenk an sich

Gibt mir die nächst neutral Gelegenheit, ganz zum Mensch zu werden

Haben wir keine äußeren Feinde, suchen wir sie flugs in uns selbst

Hat Mensch keinen Gegner Außen, findet er rasch Selbstdestruktives in sich

Ebenso ergeht es Nationen, Feinde im Außen gaukeln vor inneren Frieden

Hat ein Land im Außenland kein Rivalen, gibts schnell Revolte im Inneren

Wenn Mensch, Nation, und die Welt nicht Frieden finden in ihrem Inneren

Sucht man Feind im Anderswo, so ist es natürlicher denn Selbstzerstörung


Vielleicht ist es manchmal angeraten, auf den Apfel zu verzichten

Vielleicht ist bisweilen Verzicht notwendig, um sich Paradies zu bewahren

So Adam nicht den Apfel aß, fehle ihm Erkenntnis, doch hätte er Frieden

Denn verschenkt nicht manchmal das Opfer des Einen, gerade das Viele

Erwirbt nicht der Opiumhörige Freude des Lebens, bei Verzicht des Frönens

Gewinnt nicht der Sklave des Alkohols, die Freiheit bei dessen Abstinenz

So ist es sichtlich angeraten, von Zeit zu Zeit, dem Einen Abzuschwören

Dem Einen zu entsagen, das verschließt alle Türen, bei Verzicht alle öffnet

Gewiss, wenn wir mit offen Augen schauen, werden wir Wunder sehen

Wir werden staunen können, über die unglaubliche Welt des Sichtbaren

Doch Eines macht göttlich Komödie erst perfekt, erahnt nur selten, eher nie

Es ist nackt Tatsache, das größt Wunder dem Auge stets verborgen bleibt

Es ist allzeit uraufgeführt Akt der Komödie, der nur dem Heiligen erscheint

Das liebvoll grenzenlos Mysterium, das stets in der Unsichtbarkeit gebärt


Wer inneren Frieden nicht gefährden mag, hält Einklang wo er kann

Vermeidet stets allerheiligst Versprechen, die er nicht halten kann noch will

Setzt sich kein Ziel, das auf ewig in der Ferne bleibt, in Körper und Geist

Lebt weder in Vergangenheit noch in zukünftig Tagen

Wer den Frieden bewahren mag, ist er erst gefunden, meidet die Kriege

Wer das Lebendige sucht, geht kaum da ein und aus, wo die Toten wohnen

Wer stürzt sich in die Fluten, ohne Begabung des Schwimmens im Besitze

Lemminge, auch Gatten der schwarzen Witwe, Menschen, tun es mit Fleiß

Es fehlen mir die Worte, ist nicht bereits alles gesagt
Habe ich nicht Liebe in allen Farben schon gemalt, verzeichnet, beschrieben

Stumm ist es in mir geworden, durch den unverstanden Widerhall im Außen
Wie kann der Mensch nur mit Hass Antwort geben, wenn ich Liebe schenke

Worte geben selten Frieden noch Einigkeit, niemals bei verschlossen Ohren
Still wird es in mir, immer stiller, so höre ich dich und mich im Liebgesang



Wenn ich des Menschen innenwohnend Leere seh
Ergreift mich Angst und Bang, nicht zuletzt das Grauen

Inhaltlos sind die fleischlich Hüllen, Innen ist nur geistig Blassheit
Ein seelisch Sinnen, ein tief Sinnerfragen, ist bei Leibe nicht zu finden

Auch wenn im Außen Reichtum wächst und wächst, der Mensch bleibt Leer
Die Phrase, es ist nicht alles Gold was glänzt, sucht ganz neu Bedeutung

Die Menschheit scheint nun Erwachsen, im wissenschaftlich Glanz erblüht
Doch Innen ist bloß herzens Mattheit, Dunkles leuchtet hier im eignen Licht

Die Liebe ist ewig groß, das kleine Menschlein, passt ganz leicht hinein
Doch stellt sich wiederum die Frage, wieviel Liebe passt in einen Menschen

Noch mehr erfragt, wieviel Menschlichkeit passt gar in einen Mensch hinein
Ist der Mensch gar fähig, Liebe, noch weniger als keinerlei in sich zu tragen

Denn voll Hass ist der Mensch nicht selten, erfüllt von manch Rachelüsterei
Und wo der Hass sich erst eingenistet, findet Liebe schwerlich ihren Platz


Es traben drei Nilpferde durch das flach Wasser, Vater, Mutter, Kind
Ihre imposanten Hinterteile schaukeln hypnotisierend im Takte hin und her

Schön sieht es aus, fast beruhigend, man will Gleichmut, Eleganz erahnen
Ahnen will man, das Rhythmus der Langsamkeit, gut Gefühl in sich birgt

Links und rechts, links und rechts wippen scheinbar leicht die üppig Massen
Unbekümmertheit, Gelassen sein, ist vermutet ihr schamlos bekundet Credo

Doch nun drehen sich um die Drei, man sieht jetzt ihr schwermütig Atmen
Mit Müh wird die Luft in die Lungen gedrängt, mit Mühe wird sie entlassen

Und nun ist wohl klar, ihr bequemes Schlürfen ist nicht geboren Harmonie
Die Schwerkraft und ihre schmerzlich Folgen, sind Mutter dieser Szenerie

Was ist die Zeit doch ein Wandelkleid aus dem göttlich Zauberkasten

Kann man in einem stillgestanden Momente, gerad die Ewigkeit erblicken

Ist es im nächsten gar möglich, ein Leben zu leben in einer einzig Sekund

Sie dehnt sich, zurrt zusammen, wie sie will, kleidet sich in Stund und Jahr

Doch des menschlich irdisch Höhepunkt, ist doch die Tatsache zweifelsohne

Obschon man ins Weitlos der Zeit geschaut, an manch Tag keine Zeit findet


Zweifelsfrei, die äußere Erscheinung, ist nicht was im Menschen lebt

Gewiss Persönlichkeit ist ihm zu eigen, doch irgendwie doch wandelbar

Kein Äußeres macht ihn wirklich aus, ist austauschbar wie Jacke und Hose

Nur Inneres hat relativ Bestand, doch auch dies ist nicht in Zement gegossen

Der darinnen Mensch ist derjenig der wahrnimmt, mit oder auch ohne Liebe

Hier im puren Bewusstsein, darf er Gott und Göttin, darf Universales sein

Und hier in dieser innen Klarheit des Omnipotenten, ist es groß Entschluss

Auf Erden, als menschlich Wesen, einfach Mensch zu sein

Der Mensch ist nie die Summe die wir berechnen
Stets bleibt er eine Unschärferelation aus seinen unendlich vielen Teilchen

Sein Typengebäude, sei es Hütte oder Schloß, ist stets auf Treibsand erbaut
Gerad immer zum Einsturz bereit, doch fähig zum Wiederaufbau immerzu

Seine Körperwohnung hat Brüchigkeit, Vergänglichkeit zeigt ihre Spuren
Und die Seele die darinnen wohnt, ist eine unergreiflich Flüchtigkeit


Adam und Eva kamen in Erd Spiegelsaal, als sie das Paradies verließen
In einem Spiegel sahen sie Gott, in einem anderen strahlte das Antlitz Allahs
Aus einem weiteren Spiegel schaute Buddha in ihr Angesicht, Jesus anbei
Als sie in die Runde sahen, zeugten auch Zeus und Odin ihre Anwesenheit
Soden als sie aus dem Spiegellabyrinth traten, fragten sie an der Pforte nach
Fragten, wer all die Götter waren, die ihnen im Kabinett entgegen sahen
Die Toilettenfrau antwortete erstaunt, sie wisse nicht was hier gemeint sei
Hier gäbe es doch immer nur jene Ein-Mann-Show, alter Mann ohne Bart

Große Ambivalenz, wird nur vom größten Mensch getragen

Immense Lasten die in vielen Seiten wohnen, zerren Mensch hin und her

Des Wünschens Waagschalen, sich bei ihm selten in Balance befinden

Eher eine Seite die Seel mit Schwere ins Tiefe zieht, oder Federleicht erhöht

Der ambivalente Mensch ist Held, ist Riese, der Welten in den Händen hält

Die in Schwere auszuhalten sind, in langer Sicht, nur in seiner eignen Mitte


Schmerzgeplagt in Trauerfrost, eingehüllt im Hemd der Seelentaubheit

Grau Alltagshimmel, schwarze Wolken, getrieben vom rauh Herzenswinde

Wolkenbruch, mündend in Sog-Tränenguss, erlösend Sonne nicht in Sicht

Seelenpein, die Hoffnung ausgehöhlt im Ganzen, bis hin zur Sterbenslust

Groß Kräfte die sich in mir reiben, die unerträglich kritisch Masse erreichen

Doch plötzlich zeigst du dein Angesicht und mein Herz überfließt vor Glück

Des Menschen einfach Antwort, ist meist Flucht oder Angriff

Doch spürt er seine Freiheit, ist nicht bedroht, weiß er nicht, was zu tun ist

Reagieren ist ihm ein leichtes, wenn er muss, tut er eben was er muss

Eigen Handeln, aus eigen Entscheidung, fällt ihm übermenschlich schwer

So ist es durchaus verständlich, das die stete Bedrohung ihm ein Sicheres ist

Er will nicht wissen, das er in unsicher Freiheit lebt, er frei bestimmen darf


Erfahr ich die Dinge nur, damit ich sie erleb

Oder gar das ich sie verstehen lern und mich über sie hinaus erheb

Das ich mich emporschwing' zu dir und deinen Himmeln

Das ich Stuf für Stuf durch Erfahrung die Himmelsleiter aufwärts geh

Ist es nur das pure Sein das zählt, oder das Resultat das sich daraus ergibt

Kann ich machen was ich will, oder folgt mein Handeln dem Prinzip

Wie immer lächelst du mich an, nimmst mich behutsam auf deine Hände

Nur ganz leise doch unmissverständlich ist deine Antwort; sowohl als auch

Die Königsfigur ist beim Schach einzig allein die bewusst und Wissende

Nur sie kann Verantwortung tragen, sieht das jeder Zug Konsequenzen trägt

Der König allein hat Kraft, hat Demut, Ursache und Wirkung zu erahnen

Er kann mit dem Wissen gehen, das jede kleine Tat, Leben und Tod inne hat

Alle anderen Figuren können Wissen und Bürde, nicht mit Würde tragen

Sie handeln, führen aus, Erstarren beim Anblick der Wissens-Meduse

Sicherlich die Dame hat in diesem Spiele viel Freiheit und Macht

Doch letzt dient sie dem König, führt aus was er zu seinem Schutze erdacht

So sei nicht vergessen, die Regeln sind die selben in des Menschen Leben

Hier dürfen Frau und Mann ihr eigen König sein, wenn sie es nur wollen


Die Ziellosigkeit im luftleer Raum ist nur dem Gotte freundlich gesinnt

So kann Mensch nur ohne Ziele schweben, hat er den Gott in sich erfunden

Mensch der das Große in sich verneint, fällt ohne Auffangnetz in die Tiefe

Ziellos Kreatur kann in Freiheit nicht sein, dies bringt sie um's freie Leben

Bin ich dir gar länger fern, wächst meine Sehnsucht ins Unermessliche

Kaum auszuhalten ist jener anwachsend Seelendruck, der mich bedrückt

Ein zunehmend Erdrücken, das ungebremst ankündigt meinig Implosion

Nur ein Gedanke ist in mir klingend, kein Sinn macht das Bleiben ohne dich

Der Menschheit größte Anstrengung, ihr erbauen, ihr horten, ist mir einerlei

Ihr bekriegen, zerstören, unterjochen, ihr ewig Hassen ist mir gar zu wider

Kein Wollen, kein Wünschen, kein Ziel ist in mir, nur lähmend Leere

Nein, deine Anwesenheit kann nichts ersetzen, du bist alles von Wert

Kein Gewicht voll Ruhm, noch Hab und Gut, kann aufwiegen deine Liebe

Soden bleibt die Frage stumm im Saale, warum noch bleiben

Gottvertrauen flüstert, es kann nichts geschehen oh Menschlein

Irdisch Fakten sprechen laut, es geschieht minütlich, stündlich, Tag für Tag

Dinge passieren, Leben und Tod geben sich die Hände, Gottvertrauen bleibt

Wie kann es sein, das beides stimmig ist, kann der Mensch dies verstehen

Die Heiligen sagen, in Gottes Obhut sind wir in sicherer Hand

Doch auf Erden geschieht Unbegreifliches, und es geschieht und geschieht

Wisse Mensch, die Vergänglichkeit passiert, doch Ewigkeit bleibt unberührt

Wisse, das Inhalt niemals letzte Wahrheit ist, doch Gott selbst der Behälter

Ich kann die Menschen gut verstehen, die Wahres nicht erfühlen wollen

Kann mitfühlen, das sie nichts wissen wollen vom Sinn, von inneren Zielen

Kann gut verstehen, das man nicht wissen will, wer man wahrhaft Innen ist

Sich scheut zu erwachen, nichts wissen möcht von Himmel und Höll'

So ist es auch öde, gar quälend, schlafend eine hohle Illusion zu erleben

Wieviel schmerzlicher ist es bewusst zu leben ohne Ziele, ohne tiefen Sinn


Meine Seele erzittert, gleich dem Kerzenschein im Luftzuge

Gefühlswinde beugen mein Flämmlein im turbulenten Reigen

Es flackert mein Ich in unsteten Zeiten, es tanzt, es springt eigentlich immer

Nur dein Licht in meinem Inneren bleibt Ruhig und Klar

In jedem einzeln Augenblick ist mir nah, das mein Licht eines Tages erlischt

Ich schau dieser Stund entgegen, manchmal mit Freud, manchmal mit Bang

Mensch sucht stets mit Fleiß, die todsicher Methode des Überlebens
Will Strategie finden, bei der er stets Gewinner ist, im Spiel des Lebens

Ungeachtet der Tatsache, das Gewinnen im Spiel nicht die Regel ist
Sucht er akribisch, sucht verzweifelt, die Taktik die ihn unsterblich macht

Perfide sind die Techniken, das man ihn fast zu sehen glaubt, den Gewinn
Es scheint der Mensch jenseits von Tod und Leben, sitzt doch mitten drin

Der geschickte Advokat beugt die Gesetze, wird so zum Rechtsverdreher
Doch findet er weder Recht, gar Freiheit, noch ist er außerhalb vom Gesetze

Nur der Tod des Schau-Spielers befreit des Menschen Seele
Nur wenn der Gefangene im Spiele, sein Sterben anerkennt, wird er befreit

Ich frage mich, ob er immer noch in mir ruht, der kleine weinend Junge

Ein Bub, der sodann halbjahrhundert wartet auf die Rückkehr der Mutter

In mir mit feucht Augen in Warteschlange steht, wartet auf die Heimkehr

Und manchmal frag ich mich, ob das Warten zu meiner zweiten Natur gebar

Ich ahne das ich noch da sitze, in mir gar alleine, sitze im vergangen Raume

Mein Warten auf Niewiederkehrendes, meine Antwort auf das Leben wurde

So ist das Warten mir heut so sehr vertraut, ist letztlich ganz ein Teil von mir

Das ich mich damals, Mutterherbeisehnend aus dem Fenster schauend seh


Ist nicht das meist Gehabe, nur Schein und Pose

Wird nicht gerad alles getan, um Darzustellen was man im Grunde nicht ist

Ist nicht oftmals jeder Fingerzeig, jede Mine einfach nur Trug, ist Selbstlüge

Ist nicht oft gar Verletztheit vorgetäuscht, um Liebe der Mitwelt zu ernten

Ist nicht Posieren vor Publikum, gar vor Gottesaugen, eben nur ein Scherz

Ein schlechter Witz, der nicht zum Lachen, doch eher zum Weinen zwingt

Denn ist es nicht offenkundig Faktum, das wir Andere zwar täuschen mögen

Doch Gott und uns selbst mit Nichten

Wie leicht ist doch die Sehnsucht nach Gott zu Händeln

Ist doch das Verfahren mit fiktiv Unerreichbaren, rigoros für den Menschen

Schwerer fällt das Sein mit dem Sehnen nach Nähe, nach Mensch und Ding

Die Sehnsucht schmerzt, Kontakt zum irdisch Gute, bringt ihn oft zu Falle

Ersteres ist leicht als Humbug abgetan, in Ungläubigkeit fraglos ohnehin

Beim Letzteren ist das Loslassen vom armlang Entfernten, oft ein Unding

So macht es Sinn, der Liebe wegen, dem Sehnen auf Erden zu begegnen

Denn das Loslassen, das Sein damit, kann hier nur mit Liebe gelingen


Der täglich Aufschub des Lebens, wird oft erst mit dem Tod beendet

Tag für Tag schieben wir es auf das Leben, das Leben das wir gerne hätten

Vertagen unser Träumen auf Morgen, das Traumrealisieren gerad noch mehr

Unser Leben wird verschoben, als ob wir ewig auf Erden wären

Hineingedacht wird des Menschen Leben, in eine nie stattfindend Zukunft

Aufschub ist nicht ewig, denn mit dem Tode findet Aufschieben gültig Ende

Allein zu sein, in diesem groß Universum, ist schier unvorstellbar

Was ist ein Menschenstaubkorn alleine am giga Strand des Universums

Bereits das sich Vorstellen unvorstellbarer Einsamkeit, lehrt das fürchten

Wieviel mehr mag die Vorstellungskraft gesprengt, wenn Einsamkeit gelebt

Winzig Nichts im groß Nichts verloren, in Bedeutungslosigkeit sich findend

Solch Winzigkeit im Überblicklosen verirrt, findet dabei kaum noch Freud

Dies Alleine sein im lieblos Raume, ist nur auszuhalten mit Müh und Not

So in jeder Sekund stellt die Frage sich neu, macht denn das Aushalten Sinn


Ich sehe ihn an den Mensch, der sich in die Nacht, ins Schlafen kämpft

Beäuge ihn, der Schlacht des Alltags schlägt, jeden Tag neu den Sieg erringt

Ich frage mich, was ist wohl sein Geheimnis das ihn den Tag gewinnen läßt

Wie hält er nur durch das ringen, das meistern der Vierundzwanzig Stunden

Indes ich ihn betrachte, begleite auf seiner eignen Flucht durch die Gezeiten

Wird mir eines in diesem Augenblick ganz klar, ich schaue auf einen Helden

Zerberste Satan, zerberste

Blähe dich in Wichtigkeit auf, und in Tausendstück zerspringe

Aus deiner Mitte heraus geboren, wird sogleich ein golden Engel

Geboren wird die Wahrheit sodann, Wirklichkeit die in dir steckt



Kleingläubigkeit erzählt die Mär von Diktatur des Kleingedachten

So behält der Kleingläubige stets, großen Glauben an seine kleine Welt

Großer Glaube indes nennt sich Wissen, Gewissheit vom unendlich Himmel

Doch kleiner Glaube sieht nur was er sehen will, für Großes bleibt er blind

Sprichst du dem Kleingläubigen vom Großartigen, erntest du sein Böswill

Wer mag es schon gerne, wenn du seiner winzig Welt mit Großem drohst

Ergo, verschwende kein Wissen an den, der von kleinem Raume ist

Denn das gering Reich das er zur Verfügung hat, ist längst gefüllt mit Unrat

Wenn du nicht wärest immerda, mich halten würdest von innen

Mich nicht tragen würdest wie ein Lotos der meine Seel in seiner Blüte hält

Verloren wäre ich in der Weite, fallen würde ich ins Unendliche

Nur dein stetes Halten, ist was mich letztlich am täglich Leben hält

Ohne dich, ohne dich, wäre ich schon längst nicht mehr

Dein zwanglos Halten, Halt der mich in Freiheit loslässt, hilft mir zu bleiben


Hat nicht schon längst bald ein jeder seine Statistenrolle eingenommen

Besetzt willig seine eigne Nebenrolle, wartet aber stets auf großen Auftritt

Hat nicht fast jeder Mensch die Nebenrolle im eignen Schauspiel akzeptiert

Tut sich dennoch täglich selbst ganz leise die Hauptrolle soufflieren

Hört innere Stimme flüstern, regiere, nehm ein dein Platz der Regentschaft

Doch erhören tut er nicht, macht er zu letzt doch brav nur den Bückling

So rufe ich bittend aus dem Publikum, Statisten aller Länder erhebet euch

Nehmet mit Stolz und Würde ein, die rechtens Hauptrolle eures Lebens

Wahrhaft alles im Universum dient unserer Erweckung
Alles im Überall, möcht Unbewusstheit ins Bewusste bringen

Sogar die Zeit gleicht einem Karussell, das von Jahr zu Jahr beschleunigt
Stets eilender wird sie in unserer Wahrnehmung, galoppiert zum Erwachen

Fliehkraft mag uns schleudern aus dem Karussell der Zeit, ins Jetzt herbei
Fliehkraft mag uns werfen aus festgefahren Rad der Realität, ins Hier hinein

Doch der Mensch hält fest am Altbekannten, hält fest am Zeit Vergänglichen
Will weiterschlafen partout, waches Bewusstsein bleibt ihm stets ein Greuel



Langeweile ist der kleine vergessene Bruder der Depressionen
Gesellt sich Schwester Sinnlosigkeit hinzu, wird rasch Trio infernale daraus

Langeweile eignet sich gut, zur Erinnerung an freien Raum den man besitzt
Mit Dankbarkeit ist dies schnell abgegolten, um Raum mit Sinn zu füllen

Denn sei gewarnt Gefährte, lasse der Langeweile niemals leichtlocker Zügel
Allzu gerne geht bequemer Gaul mit dir durch, gesattelt mit Depressionen

Lange Rede kurzer Sinn, Geplappert wird im Überall

In Politik, Theologie, bei Gebet im Gotteshaus, letzt an jedem Küchentische

Philosophie ist verwässert zum faden Geschwätz mit wichtigtuerisch Inhalt

Das heilend Schweigen ist fast vergessen

Fragt sich, kann Mensch im eigen laut Geschrei Gottesflüsterei vernehmen

Ist in all dem großen Lügenlaut, denn das leise Wahre noch erhörbar

Wasser des Glückes benetzt die Oberfläche meiner Augen

Inner Überdruck der Hingabe wohl, zwingt Liebesfeuchtigkeit nach Außen

Doch ist es ein sanftes Zwingen, fast unbemerkt glüht mein Auge im Glanze

Das Innen sucht das Außen, Unbewusstes will ins Bewusstsein kommen

Ich spüre wie sanft Liebeswoge an die Ufer meiner Wahrnehmung brandet

So behutsam, das ich vorerst gar nicht weiß, ist es Glück oder ist es Trauer

Extrapoliert wird die kleinste Furcht zum großen Tode

Unkontrolliert, wächst das Samenkorn der Feindschaft zum Hass

Extrapoliert wird die Sorge zur Angst und gefriert den Mensch in Lähmung

Winzig Hirngespinst wird zur Wahnidee und gerad geboren ist die Paranoia

Wahrscheinlich Begegnung mit der Liebe ist erhöht, ist Hingabe extrapoliert

Einsamkeit wächst hinein in die Zweisamkeit mit dem Gotte, heilige Union


Bist du noch bei Trost, fragt ein Verrückter einen erstrahlt Entrückten

Die Antwort fällt mir leicht erwidert dieser, ich fand Trost in der Klarheit

Im Trost bin ich, getröstet durch die Liebe, eingekehrt in ultimativ Realität

Gott selbst spendet Trost allen Entrückten, denn Trost ist erfahrbar Liebe

Der Verrückte ist entrückt aus Gotteshaus, eben verrückt aus irdisch Realität

In der großen Entrückung ist er Gottesnah, Trost findet er in der Heimkehr

Unerbittlich Menschenrasse

Angeklagt vor dem Tribunal aller Gefolterten, Hungernden, aller Toten

Gestehst du, das du längst an deiner Menschlichkeit Bankrott gegangen

Gibst du zu, das der Ausverkauf deiner Humanität erneut den Gipfel fand

Gestehst du, das du dich selbst verloren hast, Selbstsuche nur noch Farce

Gibst du zu, das du der Angst Freiraum als Opfer gabst, die Liebe ortlos ist

So frage ich dich, was willst du tun, um Milde letzten Gerichtes zu erbitten

Frage dich letzt, wirst du dein Urteil annehmen, das da lautet; Gottlosigkeit


Ist es nicht kollektiver Wahnsinn, wie Menschen Realität erdenken

So sagt man ja, wenn Ostern drauf steht ist Ostern darinnen

Doch sieht man tief hineingeschaut, nur ein lukrativ Geschäft

Beim Weihnachtsabend, sucht man den Heiland auch vergebens

Hier findet man nur materiell Geschenk, das Feuer des Profits entfacht

Man sagt, wenn etwas außen deklariert, ist besagter Inhalt auch darinnen

Doch beim Mensch und seinen Dingen, trifft dies wohlbekannt gar selten zu

Im Gegenteile, erglaubt sich ein Teil der Menschenheit mit Fleiß Vermögen

Und auf dem Restland der Erde, sterben sie wie Fliegen

Oh du oft geschehen Missverständnis

Allzu gerne bitte ich dich herein, zu meinem Vorteile, zu meinen Diensten

Zweifellos, du drängst dich mir niemals auf, bist eher Madame Neutral

Ich rufe dich, will falsch Verstehen, wenn ich denk es wäre in meinem Sinne

Ich bin es, der dich herbei fleht, um der Wahrheit und Realität zu entfliehen

Ich bin es, der dich zu Rate zieht, wenn die Wirklichkeit mir nicht mundet

Unbestreitbar, ich sehe dich in mir, sehe dich im Außen, sehe dich Überall

So frage ich, ist es nicht ein Wunder ohnehin, das Menschen sich verstehen


Verlassen fühl ich mich von Welt, Mensch und Ding

Nie zuvor nahm ich es bewusster wahr, mein Getrenntsein von der Mitwelt

Einsam Teilchen bin ich, ohne Bindeglied zum Ganzen, verloren Element

Niemand versteht den Raum in dem ich ruh, versteht die Lieder die ich sing

Bin ein Fremder im eignen Hause, Gemeindelos, verwaist in Geisterstadt

Bin Schiff ohne Ankerplatz, ohne Hafen, Barke in wasserlos wüster See

Eine Schwalbe macht noch keinen Sommer, sagt man

Einsam Regentropfen macht noch keinen Regenguss, füge ich hinzu

Ebenso sei erwähnt, eine Meinung macht noch keine Wahrheit

Ein frommer Wunsch macht längst noch keine Humanität

So sei auch behauptet, ein geistig Funke macht noch keine Erleuchtung

Doch zweifelsohne, einzel Gott, macht ganze Welt und Leben göttlich


Ich frage mich, hat es denn gar eine relevant Bedeutung

Das katholisch Kirche auf dem Fels Petrus errichtet ward, wie man sagt

Ein Fels, der vor dem ersten Krähen, den Sohn Gottes dreimal verleugnete

Erstmal außen vor, das der heilig Titel Fels, doch alleine Christus eigen war

Im best Falle mag es heißen, das Petrus sich wie Saulus zum Paulus erfand

Soden seine Position als Vertreter Gottes hier auf Erden, wohl gar verdiente

Im weniger günstig Falle, ist etwaig die Kirche Rom erbaut auf einer Lüge

So wäre Jahrtausend weilend Unzucht im Hause, doch eben recht gut erklärt

Mein Seelengefäß ist angefüllt mit Traurigkeit bis oben hin
Bewusst kann ich kaum fassen, das solch Meng in mir zu wohnen pflegt

Ich kann es sehen mit den Augen des Herzens, aller Raum ist eingenommen
Obschon kein Platz zu sehen ist, existiert nebst noch Glück und Lieb in mir

Jene Liebe, wenn auch oft unsichtbar, ist Kraft die mich durch's Leben trägt
Die mir auf letzt Pfade offenbart, das sie stets auch in meiner Trauer wohnte


Zur Selbstliebe gesellt sich stets die Demut, dies ist Vollkommen, gewiss
Narzissmus findet meist den Begleiter Größenwahn, dies folgt eigner Logik

Die Selbstliebe ist letztlich ein Teil von der Liebe zu allem, ist Agape
Sie gibt jedem einen sinnvoll Platz, der Wahn wähnt sich meist weit darüber

Selbstliebe nennen wir sie, weil wir die Liebe selbst in uns Selbst finden
Nicht etwa wie ewig Zweifler meinen mag, weil wir nur unser Selbst lieben

Selbstliebe und Narzissmus sind oft Geschwister genannt, sind aber Fremde
So bleibt es wohl stets ein Rätsel, wie man sie miteinand verwechseln kann

Mein Kopf ist schwer, ist voller Vernunft
Bald wie von selbst sinkt er halt suchend in Innenseite meiner Hand

Mit erleichternd Hingab schmieg ich meine Wange in die tragend Fläche
Ist die Schwerlast mir entnommen, pulsiert sogleich mein Herz in Liebe

Liebe die von Hautfläch zu Hautfläch den offen Austausch sucht
Wärme breitet sich aus, überflutet den Körper, Liebe resoniert im Herzen

Oh Wunder, wie sehr ich die Liebe ersehn, wie sehr ich Berührung erfleh
Oh wie noch größer du Wunder, wie gern ich sie mir geb und schenke


Du hast meine groß Wunde offen gelegt, hast eröffnet mein Innerstes
Hast dies getan, um mir Richtung zu zeigen, aufzuzeigen den Weg zu mir

Verschließen kann diese Wunde nun, keine Macht der Erde, nimmermehr
Nur meine Liebe zu mir selbst, ist hier der Heilung Medizin

Du bist der Töpfer, ich die tönern Erde

Ich bin das Instrument, du spielst auf mir

Ich bin Getreidekorn, du treibst das Wasser auf meinen Mühlen an

Ich bin Hefeteig, du knetest mich bis ich von alleine gehe

Ich bin Wunde, von dir getrennt sein aufgerissen, von deiner Arznei geheilt

Ich bin Gedanke, den du mit Liebe denkst, deine Lieb macht mich zur Seele

Ich bin die Feder, du bist die Hand die mich fürstlich wie ein Zepter führt

So wenn ich still werde, dich erhöre, erklärt sich wortlos tief Verbundenheit



Liebeskranke der Welt, oh wie bin ich mitten unter euch

Wie fühle ich mit, fühl den Liebeskummer, der an der Seele frißt

So will ich betonen, das Abwesenheit eines Menschen wohl Wehen bringt

Doch die Abwesenheit Gottes im Leben, bringt den langsam seelisch Tod

So ruft arg Lieberkrankung nach präzis Medizin, das Gott in die Mitte bitten

Und ist dies Getrenntsein im Heilen, ist auch all das andere Heil und gestillt

Oft lebt der Mensch im Groll mit sich selbst, mit Eltern, mit dem Kinde

So sieht er wütend Groll einfach nur im Überall

Blind vor Wut kann er nicht wissen, was Generation für Generation vererbt

Groll und Verdruss gibt einer dem anderen weiter, Erbschaft vor und zurück

Erst mit Abstand, mit Übersicht, Verzeiht der Mensch seinem eigen Selbst

Schaut den düster Kreislauf, wie er selbst nun tut, was andere vor ihm getan

Sieht wie er den Eltern grollt, wie einst sie ihm Groll zollten, Wut aus Angst

Sieht, wie er Hader und Zorn den Kindern schenkt, zurück das Selbe erntet

Dann sich selbst verziehen, Kreislauf durchbrochen, kann er die Liebe sehen

Spürt Liebe für die Ahnen, für die Nachkommenschaft, erntet etwaig Liebe


Freude lässt die Seele weiten, doch folgt darauf oft der Zusammenzug

Glück läßt den Menschen fliegen, ohne Flugerfahrung folgt Sturz sogleich

Seele dehnt sich aus und schnurrt zusammen, physikalisch Gesetz auch hier

Bewegung sucht Gegenbewegung, Aus und Einatmen ehrt Menschenleben

Manchmal vermute ich doch schwer

Das ich im letzten Akt der tragisch Oper existier

Angefeindet, gemeuchelt und gestorben wird im großen Stile

Der Tenor singt die Arie des Todes

Der Vorhang fällt alsbald, das Leben das ich mir erwünschte ist fast vorbei

Lebensbühne wird geschlossen, das Schauspiel atmet endgültig letzte Züge

So frag ich mich, was macht der Mensch denn für ein groß Theater

Frag mich, wann findet Lustspiel Uraufführung, Szenenwechsel sei erbittet


Vorwärts, rufe ich

Und frag mich sogleich, gibt es wahrlich Alternative

Doch schreit auch vieles in mir nach Stillstand, nach ewig Ruh und Pause

Es fleht gar nach dem Zurück, in Vergangenes das keine Rückkehr kennt

Vorwärts, rufe ich

Vorwärts, in ungewiss zukünftig Welt

Ich denke also bin ich, flüsterte einst ein französisch Freund

Mir scheint der heutig Mensch schreit laut, ich denke also will ich

Will wissen, will haben, will letzt nicht verlieren, was er mutmaßlich besitzt

Vom Baum der Erkenntnis gespeist, frisst er sich wollend durch die Welt

So möchte auch ich nun meinen Senf hinzufügen, Würze mit sanfter Schärfe

Bin ich Göttlichem bewusst, so weiß ich, doch erfahr ich Gott in mir, bin ich




Der Wissende weiß viel, doch sagt meist nichts, auch wenn er gefragt

Der Unwissende muss hingegen verbalisieren viel zu viel, auch ungefragt

Der Tor muss reden in einem fort, vom Klugen das im Ungewissen lebt

Der Weise verstummt indes, denn auf viel Wissen folgt oftmals Schweigen

Der Wissende, lässt aus Liebe den Anderen sein

Der Unwissende, mag gerne ändern Jedermann

Angst verschließt die Türen im Überall

Die Liebe hält sie offen, läßt himmlisch Licht hinein

Angst versteinert Herz, den Willen, versteinert auch das Innen

Die Liebe macht Herzen weich, zum Geben und Empfangen

Aus Angst verirrt man sich ins Ganzalleine

In Liebe ist es das All-Eine das man findet



Als Mensch steht mir das Scheitern ins wunde Herz geschrieben

Nur Mittelmaß ist was ich mit aller Müh gerad erlang

Nur in meiner unberührt Seel bin ich davon befreit

Muss nicht kämpfen für mein täglich Brot, für Akzeptanz, für Lebensruh

Hier im schuldlos Innen gibt es weder Scheitern noch Gewinnen

Hier kann ich sein, einfach nur sein, Kind der göttlichen Elternschaft

Auch ich spüre hin und wieder den Stachel der Bitternis im Fleische
Bittergiftig Stachel der Schuld und des Versagens

Tief ins Herzensfleisch hat er sich von Geburt an gebohrt, entzündet mich
Flüstert mir zu, bei jeder Handlung, jeder Entscheidung, Schuldig, Schuldig

Manchmal schreit sie allzu Laut, schreit mich an, die Stimme der Schuld
Erzählt mir die Mär, vom ewig schuldig sein, schuldig an meinem Pein

Erzählt mir Mär von Hoffnungslosigkeit, sagt das ich verflucht sei
Und irgendwo tief Innen, am schatti Plätzchen, glaube ich ihr noch immer


Vom Trauma am Seelenkragen gepackt, folgten Tränen und Geschrei
So folgte ebenso irgendwann, die rettend Flucht in schützend Illusionen

Göttin Maya öffnete ihre Hände besänftigend, lockte mit betäubend Rufen
Ihr Verheißen wurde wahr, ich fand Ruhe in der Vergessenheit des Rausches

Doch ihre Hände wandelten sich zu dämonisch Krallen, erdrückten die Seel
Bis ich nahend Tod entfloh, mich ihrem Bann entzog, ihren Fängen entkam

So ich mich aus der Illusion entrissen, in der Realität, dem Trauma schenkte
Angekommen im nüchtern betrachtet Dasein, eben sodann erkennen durfte

So bitter Leben auch sein mag, Scheußlichkeit nach dem Rausche ist bitterer

Auch heilig Wort geschrieben auf weiß Papier, nimmt Papier die Weiße
Nur unbeschrieben Blatt ist unbeschrieben Blatt, erlebt sich unbeschreiblich

So auch jeder Vers den ich reime, Wort das ich spreche, mein Sosein betrübt
Nur mein Schweigen weiß auszusprechen, was ich im puren Sein empfinde


Entscheidung richtet über Leben und Tod
Entscheidung macht uns zum Richter über Raum und Zeit

Leicht zu verstehen, das Schwertes Schneide enthaupten oder ernten kann
Viel schwerer, das Richtung die man geht, andere Richtung zum Tode weiht

Wer ahnt, sofern er sich einem Mensch schenkt, sich den Anderen verwehrt
Das der Ort dem man gerade nahe ist, alle anderen Orte in die Ferne rückt

Töten tut das Entscheiden zweifelsohne, alles wogegen man sich entscheidet
So ist wohl unsere Entscheidungsfähigkeit, mächtigste Waffe dieser Welt

Oh dunkle Nacht die mich umgibt, Dunkles das in mir Wohnung hat

Finsternis die meine Seele schwärzt, ein Teil von mir ist von Anfang an

Findet dieser Alptraum denn niemals sein natürlich Ende

Oh Universum, Allvater und groß Liebe, mein Erwachen erflehe ich

Ist denn dieser Fluch mein, für alle denkbar Ewigkeit

Mögen mir denn die Götter keine Erlösung, milden Freispruch gewähren

Verbrennt mich diese persönlich Hölle Innen alltäglich in kleinen Stücken

Darf ich denn in diesem meinig Leben, niemals um Erlöschung hoffen

Habe ich mich wohl verlaufen, im Labyrinth des göttlich Laboratoriums

Verirrt find ich in der innen Dunkelheit den Weg nach Hause nimmer mehr

Bist du mir auch im groß Ganzen ach so nahe, mein geliebter Gott und Vater

Hier an diesem finsteren Orte tief verborgen in mir, bist du seit langem Tod

Oh wie gut verstehe ich die Welt die brennt

Verstehe das Toben der Weltgemeinschaft, die keine Liebe im Herzen kennt

Unbewohnbar für dich mein Gott, ist dieses herzlos Menschödland

Ungelöscht von dir, lodern die Flammen eben höher und höher

Denn ohne Lieb im Herz der Menschheit, ist globaler Wahnsinn untragbar

Es entfacht im Mensch all erdenklich biblisch Plagen, schürt brennend Herz

Der Wahn der Welt umspannt, gießt Öl des Aberwitzes auf jede einzel Seel

So zeigt sie für göttlich Wort auch künftig Taubheit, so mag sie brennen



Wenn der Seele engelsgleich Flügel erwachsen, fliegt sie liebend davon

So bleibt das Gebrechen des Körpers machtlos zurück

Wenn die Seel der Liebe Freiheit findet

Ist die Gefangenschaft des Körpers gänzlich verloren

Der Seele Heil ist ewiglich, Siechtum des Leibes wohnt im Vergänglichen

Unsichtbar Substanz bleibt zurück in mir, erdet mich mit Gravitation

Erkenntnisrückstand gesammelt bei der Verbrennung von Schmerz und Pein

Unsichtbar Element mit groß Dichte und Schwere gibt mir nun mehr Inhalt

Fast messbar, wie nach jed Krise das Innen an Schwergewicht gewonnen hat

So lässt die zugenommen Last meines Bewusstseins, mich auf Erden sinken

Lässt mich Fuß fassen und stabilisierend Wurzeln bilden

Letztlich, substantiell Dichte macht mich Sichtbar, faßbar bin ich nun mehr

Die Schwere mir Mehrung schenkt, vom wohl gewichtet fühlbar Erleben


Habe ich es denn geträumt, oder sogar bereits gedichtet

In jedem Falle, erwähnenswert ist das Offensichtliche allemal

Denn ahnt nicht ein jeder, der Mensch ist in sich geschlossen Labyrinth

Nur er selbst hat freien Zugang ins Heilige, kann sich selbst im Innen finden

Niemand im Außen, kann fassen was beim Anderen im Innen ruht, tabu tabu

So sucht Mensch im Außen was in seiner Mitte wohnt, Verirrung folgt anbei

So ist jeder einzel Mensch für sich, ein Labyrinth, ein eigen Universum

Ist Wegsuchender, das Gesuchte, und letzt auf diesem Wege, der Gefundene

Da Draußen im Weltlichen harrt die Leere der Dinge
Doch im Inneren, in mir, bin ich ganz die Fülle

Nichts erwartet mich im Außen, denn Vergänglichkeit und Illusion
Doch in mir wacht treu geduldig, ein Universum angefüllt mit Liebe

Inhaltslosigkeit in der Menschenwelt, kann Leere nicht mit Erfüllung stillen
Doch tief in mich hinein geblickt, erkenne ich, ich bin schon längst gestillt

So ist es wohl gescheiter, gesenkten Hauptes in sich zu sehen, sich zu finden
Als mit erhoben Blick in die Welt zu gehen, um sich letzt selbst zu verlieren


Wie sehr wünschen wir uns, das ein anderer Mensch unsere Leere füllt
Wünschen uns, das Andere unser Seelenstrümpfe mit ihrer Liebe stopfen

Doch sei betont, das hier nicht jeder Schneider, jedes Garn zum Besten dient
So lässt sich inner Loch nur mit Garn richten, das aus Selbstliebe gesponnen

Der mit fremd Faden gewoben Flicken, wird diese Lücke niemals schließen
Oberflächlich mögen Ehegatten, Eltern, Kinder, Seelenloch kurz verstricken

Doch Niemand ausgenommen wir selbst, kann unser Loch verschließen

Der freie Mensch wünscht, das auch Andere ihn in Freiheit lassen
Ein in sich Gefangener hingegen, bittet froh um viel Gebundenheit

Freiheit möcht vom Freien Anerkennung, nicht vom Jäger ein gejagtes sein
Möcht nicht gefangen werden, festgesetzt in der Gewissheit Grenzen

Ein freier Mensch liebt die Freiheit über alles, liebt den freien Geist immens
Obwohl er der Freiheit Begrenzung erkennt, auch weiß, das sie letzt Illusion

Von Ketten der Konvention, strickten Geboten, entbindet er sich mit Recht
Er zieht es vor, mit Mitmenschen im gleichen Haus, in Freiheit zu wohnen


Hier sitze ich nun, ich throne
Sitze hier, bin ganz mein eigen Herr

Bin König in meinem eignen Leben, feiere still mein Siegen und Versagen
Hier alleine, in diesem irdisch Raume, im Thronsaale meiner Gefühle

Hier, hier bin ich unantastbar richtig
Hier fühle ich für alles meinen eigen Sinn

Fokus, du der Meinige, wanderst wild von einem Punkt zum anderen
Scheinst zu machen was du willst, als ob du gar nicht zu mir gehörtest

Oh Schreck, wenn ich das von dir ins Auge gefasste, all das meine nenne
Willst du mir gehören, sagst du, muss ich dich mit Herz und Verstand führen

Muss dich mein lieber Fokus dahin leiten, das ich sehe, was ich sehen will
Muss dich führen, das der Weltraum der meine ist, in den ich hinein blicke



Machtlos sein, heißt, man kann definitiv nichts machen
Seltsam das gerad in diesem Falle, das Machen liebstes Tun und Wollen ist

Nichtstun, stehen bleiben, sich der Ohnmacht stellen, wäre logisch Antwort
Doch das Fliehen, das Rennen, weit davon, ist stattdessen Folge nicht selten

Letztlich ist dies Leugnung der Existenz, verleugnen von Ohnmacht an sich
Ohnmacht schenkt heilig Kapitulation, doch nur wenn Aug in Aug geblickt

Wenn man glaubt, ganz fest zu wissen

Ist es leicht geschehen, das man flugs aus seinen rosa Wolken fällt

Dogmatisch Aussage, gebiert aus dogmatisch Sicht, Dogma um Dogma

Doch diese kann ein leichter Wahrheitswind ganz mühelos verwehen

So mag es wohl sein, das ein starres Spiegelbild leicht Sprunghaft ist

Und ein allzu festgefahren Glaube, eben nur der Unwissenheit entsprang


Frühlingspulsieren resoniert im Menscheninnern, ruft ihn nach Außen

Ratet ihm an, nach Draußen zu ziehen, mit all seinem Wollen und Sinnen

Ruft und schreit nach Offenbarung, nach Entfaltung des inneren Menschen

Ruft all das Innen auf die Reise zum Außen

Doch oh weh, lässt sich der Mensch in diesem Reigen nicht tanzen

Blickt er ins Auge der Medusa, so erstarrt der Mensch im Ganzen

Schwermut empfindet er, die ihn ergreift, die ihn umschließt, gefangen hält

Lebensmüdigkeit, die ihn einsperrt im inneren Dunkel

Dankbarkeit ist einzig Antwort, die in diesem Leben gelten mag

Doch des Menschen Antworten sind in der Tat, an der Zahl ganz viele

Nicht zu letzt bringt er dem Leben viel Zorn, Klage und Jammerei entgegen

Ebenso oft, will er das Leben nicht verstehen, will es nicht haben wie es ist

Will nicht wissen das dies sein Leben ist, will nicht haben was ihm gehört

So sieht er sich nicht selten versucht, es nach seinem Sinn zu formen

Doch Leben ist nicht formbar keineswegs, annehmbar ist es aber immer

Annahme ist gern von ihm gesehen, gerade dann belohnt mit Dankbarkeit


Es ist die pure Liebe zum Leben, die mich rührt tief in meinem Herzen

Das ich aufgefangen wurd', obwohl ich mich wehrte mit Hand und Fuß

Lange Zeit, waren mir die Augen verschlossen, spät konnt ich sie erst öffnen

Konnt abnehmen dunkle Brille der Verachtung, um Schönheit zu erblicken

So ich nun, gewonnen Kostbarkeit Leben, mit Freud nicht mit Weh empfind

Ist auch aller Schmerz der Vergangenheit erlöst in seinem Sinn

Diese Liebe in der ich nun so lebendig bin, wärmt mich Stund um Stund

Wärmt mich wie Engelsgewand das mich trägt, Engelskleid das ich trage

Oh kostbar Liebe, wenn du in mir geboren bist

Möcht ich schenken ein Träne, für Mensch, Sekund, für Natur und Stund

Will Tränen der Dankbarkeit vergießen, um den Strom der Liebe zu füllen

Damit er mitnimmt, all Zukünftig und Vergangenes in meinen Himmel

Das ich segne, was vorbei fließen möcht an meiner Seel, Wesen und Ding

Ich in Andacht ehre unser aller Zusammenkunft in irdisch Kathedrale



Infam ist der Mensch in seinem Wollen

Hat er auch alles was er braucht, sein Leben, seinen Atem

So bleibt ihm niemals etwas genug

Er will, er will, er will

Sein Wille ist ihm Tyrann, das er gar vergisst, was er wirklich möcht'

Will sogar dies, was ihm auf ewig unerreichbar ist

Allein sein und All-ein-Sein, sind nur getrennt durch dünn Membran

Getrennt voneinander, durch die heilig Membran der Bewusstheit

Beides wohnt ganz nah beieinander, ohne Streit, wohnt im Hause Gottes

In Erleuchtung löst Membran sich auf, klar wird sogleich, alles ist eins


Nichts bleibt, wie es eins war

Kein Moment ist jemals wie ein Anderer

Gerad das flüchtig Jetzt ist schon vorbei, verfolgt von vielen Anderen

Alles was ist, geht dahin ohne Rast, wandert vom Gestern ins Morgen

Oh Nein, Nichts und Niemand, kein Augenblick, ist je wie er gerade war

Alles ist in jedem Jetzt ein Ganzes, ein Neues

Berg und Tal, Berg und Tal

Die Seel reist auf und ab, schwebt auf der Seilbahn der Emotionen

Kein Tag ist wie der andere, Sonnenschein, Regenguss, Orkane nicht selten

Das erhöhte Hoch und tiefste Tief, erzeugt inner Klimawechsel der Extreme

Wo ist nur das seichte Leben, hatte ich nicht auch reserviert, ruhige See

Wo ist nur der Hafen in dem ich bleiben kann, vergessen ständig Fliehen

Berg und Tal, ziehe in der Senkrechten, Horizontal zerrissen, ein hin und her

Irdische Sekunden schenken keine Ruh, Ruh finde ich nur im eigen Himmel


Buntes Treiben, ist der Seele ein ganz ein Eigentliches, ist ihr zu eigen

Sie lebt Himmel und Hölle, im Frühling, Sommer, Herbst und Winter

Bedroht ist Seele vom Hüpfen und Springen, von Frühling und Sommer

Angst macht Angst, vor dem Sturm des Herbstes, vor Innschau des Winters

In Liebe erfleht sie Herzklopfen des Frühlings, erfiebert laue Sommernacht

In Liebe gibt sie sich stürmisch dem Herbste hin, sucht Winters Innenfahrt

Buntes Treiben, ist der Seele Farbenspiel

In Angst sieht sie Farbe der Hölle, in Liebe ruht sie im Kolorit der Himmel

Ich mach mich auf die Seel zu fangen, gehe auf den Seelenfang

So pirsche ich mich Tag für Tag, ganz leise an die Seele ran

Doch fang ich nicht die Seel eines Anderen, ehre das Tabu

Nur die Meinige ist ewiglich, des meines pirschen's Ziel

Wisse Mensch, das fangen einer anderen Seele, ist stets dämonisch Werk

Nur die Eigne suchen, finden, ist Liebesakt im göttlich Sinnen


Klopft an der Mensch am Himmelstor, klopft an mit großem Wissen

Innen singen Stimmen, wir wollen's nicht, wir wollen's nicht, das Wissen

Lasst mich ein, ruft der Mensch empört, ist euch mein Wissen nicht genug

Alles weißt du, singt es, doch nicht wie du Einlass findest durch unsere Tore

Verschenke all hier unnütz Wisserei oh Menschlein, dies ist hier die Lösung

Gib dich hin dem Gotte in Vertrauen, ohne Wissen, aufgetan wird dir im Nu

Nun aufgehorcht Suchender, wissenskostenfrei ist hier dein Einlass ohnehin

Dein Herzenswunsch reicht uns aus zu genüge, Mensch sein ist hier Gebühr

Blut ist dickflüssiger als Wasser, hört man allzuoft
Doch ist nicht gerad das Wasser, auch Blut der Erde

So frag ich mich, ist nicht jeglich Flüssigkeit im All, das Blute Gottes
Und all die fest Materie im Universum, sogleich der Leib von ihm

Entweder, oder, scheint hier ungenügend, nur sowohl als auch, macht Sinn
Das Göttliche umfasst eben alles, ist das Ganze, ist niemals nur Teil davon


Der Terminus Gottes, ist die Sprache der Liebe, Vokabel Agape
Alles nebenan, ist maximal gerad menschlich, ist genannt auch das Humane

Doch meist herrscht das Minimale, triebhaft verteidigt Mensch Hab und Gut
Was kaum verwerflich, brauchte Menschheit dies doch lang für's Überleben

Nun um über sich hinaus zu wachsen, zu erklimmen überirdisch Dimension
Muss der Mensch sprechen, aus freiem Menschen Willen, die göttlich Worte

Was auch heißen mag, lasse das göttliche Licht herein, dann siehst du besser
Liebe erhellt das dunkelste Dunkel, ohne sie, bleibt auch der Sehende blind

Ich frage mich, ob die Menschheit stets katzengleich auf ihre Füße fällt
Ob sie neun Leben hat wie Katzenvieh, oder gar eher auf den Boden schlägt

Offensichtlich, das sie mit Ratten, Kakerlaken, um's Überleben konkurriert
Nebenbei hat sie fast gesamt Tierwelt, en passe das Aussterben geschenkt

Thronen wird sie irgendwann alleine, auf ihrem hohen Sockel der Vernunft
Einsam in der Öde ihrer technokratisch Welt, sofern sie sich selbst überlebt


Oh Unvollkommenes, oh Unvollkommenes Menschensein
Wie bist du doch Vollkommen im Ganzen, du Summe fehlerhafter Facetten

Schaue ich auf einzel Teile von dir, sehe ich bloß unverständlich Unfertiges
Bin oft gar erschreckt von Rohheit deiner Oberfläche, unbehandelt Gesicht

Doch in deiner Gesamtheit zeigst du Feinschliff, der auf Gottes Hände weist
Rohes Stück Mensch, ist hier freigelassen, sich zum Meisterstück zu formen

Göttlich Vollkommenheit, offenbart sich in menschlich Unvollkommenem
So denn das Unvollkommene frei, sich seiner Vollkommenheit erinnern mag

Stummer Schrei in meinem Innern verhallt

Sein unhörbar Echo bebt in mir, lässt mein Universum erschüttern

Außen ist kaum ein Zittern zu vernehmen, doch in mir tobt der Urschrei

Stumm, unsichtbar, doch in meinem Herzen laut, fleht alles nach Erlösung

So schön intensiv Leben, irdisch Dualität auch sein mag, ich höre dein rufen

Stumm schreie ich nach Einheit, schreie nach Einsein, nach Auflösung in dir


Der Weise sieht im lieb Lichte, Wahrheit und Lüge, Licht und Schatten

Der Einfältige sieht nichts dergleichen, glaubt letztlich seine eigenen Lügen

Sich selbst ehrlich betrachtet, bringt Wahres im Außen leicht in Erscheinung

Doch wer sich selbst nicht erkennt, für den bleibt auch die Welt im Dunkeln

So mag die Erde auch rubingleich erstrahlen, für die meisten ist sie finster

Nur einzel Mensch findet im tiefsten Dunkel, das allerhellste Licht

So funkelt der Gottesglanz, Tag ein, Tag aus, ist feste astronomisch Größe

Doch erblicken, erfühlen, erleben, tun dieses Wunder nur die Wenigsten

Man sagt, der Verrat liegt wie die Schönheit im Auge des Betrachters

Welch wahren Worte, ist doch der Verrat stets nur einer Seite Dorn im Auge

So schworen Franziskus, Benedikt, auch Jesus der Macht, dem Reichtum ab

Angehäuft Prunk der Mutter Kirche, mag dies Verhalten als Verrat bekunden

Umgekehrt würden die Drei, so einige mehr, der Kirche Prunksucht mahnen

Würden wohl darin, einen Verrat an jeglich christlich Gesinnung erahnen

Ebenso, wenn Vater dem Sohne das Nein präsentiert, dem Bub Ja verwehrt

Ist doch oft sogleich in Kindesseele der Verdacht des Verrates geboren

Der Vater hingegen sinnt, warum will mein Sohn nicht Vernünftiges sehen

Habe ich den verdient, das mein eigen Blut mich mit Verachtung verrät

So kann man schwerlich leugnen, Verrat und Schönheit haben Gemeinsames

Egal wer die Beiden auch betrachtet, das Resultat ist stets ganz unbestimmt

Ich brauche dich, ist Wahrheit zweifellos

Du brauchst mich nicht, du hast mich schon

Und gerad als ich mein Sehnen nach dir eingesteh'

Wird mir bewusst, ich habe dich auch

Entzweit waren wir nie, werden es niemals sein, sind Einheit im Ewigen

Doch ich bin ein Zweifler, vergesse uns und bange


Oh geliebtes Sonnenlicht

Du schenkst mir gerad ein winzig Strahl voll Wärme

Ein einzel Erleuchten kommt von dir zu mir

Sogleich erweckst du tausendfach Dankbarkeit in meinem Herzen

Wie sehr ich dein Strahlen, dein Wärmen vermisse

Erinnerst du mich erst, wenn du dich mir auf's neue schenkst

Nur ein wenig deiner wärmend Bescheinung

Macht mich im Ganzen so unbeschreiblich froh

Während deiner Abwesenheit, leide ich stille

Laut singe ich jedoch das Halleluja, wenn Anwesenheit mich beglückt

Alles sticht unbarmherzig in die Wunde der Einsamkeit
Öffnet und weitet die tiefgegraben Schlucht

Ob Frau, ob Mann, ob Kind, ob Kegel, nichts verfehlt den wunden Punkt
Alles scheint der Wunde Schmerz zu gebären, scheint Ursache vom Leide

Doch Wahr ist, das all dies Äußere nur Auslöser, nur erweckend Anlass ist
Die Welt, kann weder Einsamkeit erschaffen, noch kann sie Erfüllung geben

Wahr ist, Einsamkeit wurd nie im Außen geboren, niemand hat diese Macht
Es brauchte stets nur deine Abwesenheit, und Einsamkeit erwacht im Innen



Dankbarkeit, ist mein alltäglich still Gebet
Ach was red ich bloß, Stundengebet ist es und dies nicht selten sekündlich

Doch einen Vers forme ich nicht an jedem einzel Tag über dies Erquicken
Würde es doch des Zuhörers Ohren irgendwann mit Langeweile reizen

Doch sei erwähnt, in mir gebiert dies Dankbar sein, kein Lot an Langeweile
Gewiss ist, ich möcht vom leben spendend Elixier nicht genug bekommen

Biegen, Biegen, bis es bricht, auf Biegen und auf Brechen

Der Mensch möcht einfach alles passend machen, in die eigne Sicht

Andere und Anderes rücksichtslos verändern, ohne lieb Voraus zu sehen

Wegnehmen, Anfügen in wahllos Intervention, bis ein Mensch gefällt

Ist er dann im egoistisch Sinne modelliert, ist fertig, ist wie andere es wollen

Sendet ihn sein Schöpfer in die Ferne, gelangweilt von eigner Schöpfung

Ist etwas nicht genehm, wird gedrückt, wird verrückt, beschnitten, operiert

So wird auch gerne mal etwas fester angefasst, bis es nunmal passt

Der Gesellschaft Annahme von Mensch und Ding, ist mangelhaft, ist selten

Ihr Annehmen lässt zu wünschen übrig, letzt lebt nur das arge Ränkespiel


Verliere ich die Einzelheit, schenkt sich als Variante mir Unendliches

Geht ein Mosaiksteinchen zu Bruch, bleibt dennoch übrig Bild vom Ganzen

Verzicht vom Einen, ist nie Verlust von Allem, indes Gewinn vom Übrigen

So sagt man, schließt sich eine Tür im Nu, öffnet sich sogleich eine Andere

So möcht ich dies bekannt Zitat erweitern, alle Türen standen mir stets offen

Doch ich wollte eben nur ins Auge fassen, das scheinbar mir Verschlossene

Du berührst mich sanft, ein Teilstück Bewusstseinstrübung erhellt sich

Jede Berührung deinerseits, klärt mich Innen auf, nimmt Trübes hinfort

So suche ich aus gutem Grunde dein Beisein, suche dich auf mit Bedacht

Denn die Summe all deiner Berührungen macht mich Finale gänzlich Klar

So reinige mich vom Trübsinn, blas hinweg den Nebel vor meinen Augen

Und lass zurück alleine, mein klares Blicken auf dein strahlend Angesicht


Ich schaue hinaus in die weite Welt, erstaune

Schaue in mich hinein, bin verwundert, ein noch größer Land entdeckend

Doch eines ist den Beiden gleich eigen, Liebesakt sehe ich in All und Einem

Sehe in beiden Welten, wie scheinbar Gegensätze sich befruchtend vereinen

All dies, was für das Menschenauge mutmaßlich Unvereinbar ist und bleibt

Weiß hier das Auge des Herzens, als liebende Fusion

Alles ist im Einklang, nimmt sich, gibt sich, ist sich niemals ein Fremdes

Zweifellos, Liebesakt vollzieht sich in allem was ich in der Weite erfahr'

Auch Hass und die Liebe, der Mensch, die Götter sind sich hier ganz nahe

Sind sich so nahe im Sein, wie Geliebter und Geliebte

Des Menschen ganzes Tun, ist letzt nur verzweifelt Lauf im Hamsterrad

Sein Schaffen, sein Schöpfen, ist gerad nur ein Gang ohne Ziel

Er mehrt das Kapital, erobert Länder en passe, doch er bleibt ewig ruhelos

Er will zum Mond, zum Sterne fliegen, doch nichts will ihn letzt Beglücken

Denn einzig und allein seine Einigung mit dem Gotte, schenkt ihm Erlösung

Nur Gott selbst, entlässt ihn frei, aus dem Räderwerk der Verzweiflung


Dies ist zu viel des Guten, sagt man all zu gerne

Doch heißt das denn nicht eigentlich, das man Gutes nicht ertragen kann

Das Gute ist doch nie und nimmer Last und Schwere

Zu beschwerlich ist es doch letztlich, nur in des Menschen Einbildung

So sollte festgestellt sein im besten Sinne, zu viel des Guten gibt es nicht

Jedoch zu viel Angst kann durchaus herrschen, die Gutes nicht ertragen will

Wissen wurde lange im Okkulten bewahrt, aus gutem Grunde
Ist doch die Menschheit kaum fähig, kaum willig, es liebevoll zu nutzen

Machtmissbrauch gebiert fast selbstverständlich, aus jed Quentchen Wissen
Solange Mensch nicht Wahres will, Wissen zum Heile des Menschen sucht

Gebrüder Wright, Einstein, Oppenheimer, öffneten die Büchse der Pandora
Doch oh weh, oh weh, heiliger Umgang mit groß Wissen, fehlt dem Volke

Wer vom Baum der Erkenntnis lieblos frisst, dem ist Wissen arge Macht
Geheimgehalten Wissen hält das Gewissen rein, doch nun ist es losgelassen


Du bist der Wasserfall Universale, ich stehe am Rande deiner Gischt
Benetzt von deinem kühlen Nass, ertrag ich gar die Hölle auf Erden

Demütig nimmt meine dünnhäutig Seel, deine feuchtsilbrig Liebperlen auf
Wassermolekül um Wassermolekül resorbiert in die Tiefe, so Herz erfüllt ist

Und in mir erwacht Bewusstheit, das einzel Atom deiner Liebe genüge ist
Ich bin stets in Stillung, auch wenn dein Liebesfeucht mich nur streifen mag

Wie kann Mensch nur glauben, das anderer Mensch ihm gehören mag

Wie kann Mensch nur glauben, das ihm die Erde tatsächlich zu eigen ist

Wie kann er nur glauben, das er Kind, Gatte, Mitmensch als Untertan besitzt

Wie kann er nur glauben, das Land, die See, die Natur ihm ganz Besitze ist

Wie kann er glauben, das ihm Nahrung gehört, zahllos Hungernde nebenan

Glauben das Ideen sein eigen sind, die so dem Wohle der Menschheit fehlen

Ahnt er denn nicht, das Alles, wahrhaft Alles, eine göttlich Leihgabe ist

Sein Körper, seine Seele, letzt Alles, temporär geliehen Geschenk sich nennt


Der Mensch denkt und denkt und denkt

Denkt in sich, für sich ganz unbegleitet, denkt ganz allein das Eigene

Denkt für sich den Himmel als Ziel, nebenan erdacht sogleich die Hölle

Denken ist sein einsam Spiel

So dünkt es ihm etwaig, die Welt sieht seine Gedanken, hat tief Innenschau

Wägt, das Transparenz ihm inne sei, sein Innenraum sichtbar für Jedermann

Doch die Wahrheit ist, eines Menschen Wirklichkeit bleibt ewig Unsichtbar

Inner Frieden, Krieg, Gedankenblitze, geschehen hinter verschlossen Türen

Erkenne dich selbst, steht geschrieben im Tempel des Apollo in Delphi

Und ich frage mich, wie soll dies geschehen, wenn Mensch nicht bei sich ist

Wie will sich Mensch erkennen, in Abwesenheit, wenn er neben sich steht

Ist nicht das Bei sich sein, Fundament auf der Selbsterkenntnis wohnen will

Sind nicht Selbstliebe, Annahme, Einsamkeit und Intimität vier Not Wände

Wände die das Menschengebäude tragen, Selbsterfahrung möglich machen

So ist Ob-Dach, das gerne mit sich sein, welch dem Regengusse trotzen mag

Orkan der Einsamkeit ist so erträglich, vielleicht gar gern gesucht, gefunden


Mein Herz erwärmt sich von jedem meiner Atemzüge

Mein Herz sinnt es froh, nur weil es weiß, lebendig zu sein

Mein Herz erklimmt im lodernd Feuer, ist dankbar da zu sein

Mein Herz nimmt Liebe auf, bis zur Überfüllung, gibt es frei in die Welt

Mein Herz ist im Glücksfall, fällt in deine Arme, glücklich allein, zu zweit

Oh welch Geschenk ist mir gegeben, Sekund für Sekund am Leben zu sein

Das Außen verlangt ach soviel vom Menschenkinde

So das nicht selten, das Innen sich minder fühlt, wenigst minder wähnt

All das Wollen in der heutig Welt, lässt das Können stets Ungenüge zurück

Wenn Mensch jenem Anspruch gerecht werden will, so bringt dies Versagen

Ist es denn ein Wunder, das so viel unglücklich Seelen auf Erden wandern

Wundert es denn, das manch Herzen sind gebrochen, an ihrem eigen Willen



Liebe tut eben weh, höre ich eine Mutter zum Kinde sagen

Es fröstelt mich beim Gedanken, das da eine Welt geboren, mit Liebschmerz

Wieviele Menschen mögen wohl erwähnen, das Liebe Narben hinterlässt

Wieviele leben wohl in einer Welt der eigen Folter, in der Liebe geisselt

Wer kennt sie nicht die Attribute, Herzschmerz, Liebeskummer, Eifersucht

Wir glauben das sie der Liebe zugehörig, doch die Liebe weiß nichts davon

Das Leben ist ein Fluß, sagt man

Und ich stimme zu, mein Lebenswasser wird weiter getragen, Tag für Tag

Keine Sekund ist wie die Nächste, im Nu hat Lebensfluss sie mitgenommen

Schönes wird von Lebenswell entrissen, so Unschönes rasch hinweggespült

Alles fließt aus Gegenwart ins Zukünftige, wird so eilends zu Vergangenem

Zweifellos, das Leben ist strömend Fluß, der letzt in deinen Ozean mündet


Mea maxima culpa, schreit das freudsche Über-Ich aus meinem Innern

So stellt sich mir bei jenem Rufen doch die Frage, war ich jemals schuldig

Bin ich schuld daran, das die Welt liegt in Trümmern, Krieg ist im Überall

Das ich nicht kann, was ich doch muss, das ich nicht will, was man verlangt

Bin ich schuldig, das ich bin, wie ich bin, nicht scheine im gewollten Lichte

Habe ich mich denn bereits Schuldig bekannt, wenn ich zu Unsinn schweige

Nein, mein Freund, Schuld habe ich nie besessen, einzig nur Verantwortung

Schuld ist Erfindung, geformt aus Menschenhand, erdacht zur Knechtung

Geld regiert die Welt, diese Worte sind in aller Munde

Doch die Seele satt, hat das werte Mammon noch nie gemacht

Denn alles was von wahrem Werte ist, kostet nichts, ist unbezahlbar

Bereit sein ist uns Pflicht, sodann findet uns wahr Teures etwaig dazwischen


Königin und König, genießen das thronen, Regentschaft anbei

Der Minister steht und sitzt derweil herum, gibt froh weiter die Befehle

Der Hofnarr tanzt im Reigen rund herum, Narrenfreiheit nennt er sein eigen

Der Hofalchimist kocht magisch Süppchen, gibt sein Ratschlag zum Besten

Prinz und Prinzessin hüpfen vergnügt Gedankenfrei in des Hofes Lustgarten

Der Kammerdiener dient und dient, wer dienen lernte weiß gar zu herrschen

Der Folterknecht hat im Kellergewölb sein Reiche, ihm ist Dunkles bequem

Der Ritter hat Entscheidung über Leben und Tod, scharf ist seine Schneide

So will ich bedenken, dies ist mein Hofstaat, man hört auf mein Befehlen

Alles geschieht nach meinem Wollen, doch alles hat auch seine eigene Zeit

Unser Wissen ist gar groß begrenzt

Der Phantasie allerdings, gehört die Wenigkeit des Unvorstellbaren

So kann das Wissen nur erahnen von der Grenzenlosigkeit Phantasias

Doch unvorstellbar, niemals gewusst, ist die Weitschau der Vorstellungskraft

Inspiration öffnet Räume des Ungewussten, geht voran in Unbewusstheit

Schließt auf Tür und Tor zu Ungeahntem, zeigt neues Wissen unendliches

Da ist kein Wollen nach Vorne, kein Wollen zurück

Kein Fliehen in Vergangenes, kein Streben in zukünftig Augenblick

Ich möcht nur bleiben, oder möchte gehen, für immer

Nur Sein, oder Werden

Das Recht ist mir zwar recht

Doch mein Unrecht nehm ich mir auch teuer, schenkt mir Demut nebenbei

Doch Recht hin, Recht her, die Liebe, die Liebe ist viel mehr von Werte

Wissen und Nichtwissen sind vergänglich Erinnerung, erinnern das Ewige

Letzt ist alles bloße Erfahrung, Momente deren Teilnahme ich errungen hab'

Ich andächtig in Weltenkathedrale stehe, der Geburt Gottes beiwohne



Die groß Einsamkeit ist meine treue Gefährtin

Lässt mich niemals vergessen, das mein einzig Ziel das All-ein-Sein ist

Traurigkeit heißt ihre Schwester, die mich stets mit Erinnerung beschenkt

Seligkeit find in nicht im Außen, find ich nur in mir, mit dir in sakral Fusion

Oh Erschütterung bestürze mein Ich, erwecke mich aus ewig Schlaf

Bring nicht nur Gebäud' der Illusion zum wanken, stürze es ein gar gänzlich

Erwecke mich, aus meiner Kontrolle, beende meinen Schlaf des Festhaltens

Erschüttere mein Denken das zu wissen glaubt, das ich Unwissenheit erleb

Lass mich erwachen im Raum des Ungedachten, lasse wahr Bitten entstehen

So das ich nur noch in Purheit bin, mit dem was ich will und brauche



Die Enttäuschung ward niemals auf des Feindes Seite

Sie ist im eigentlichen Sinne stets Freund und Berater

Auf der Hut ist sie, um aufzufinden jeglich gutgetarnte Täuschung

Aufgefunden ihr natürlich Gegenspieler, ent-täuscht sie ihn im besten Sinne

So ihr größt Freundschaftsdienst vollbracht, sind wir von Täuschung befreit

Können sodann ohne Trug, der Realität Angesicht in Augenhöhe erblicken

Nur nachgesprochen weise Worte, ermangeln der Weisheit Stillung

Der Schwätzer ist dem Hungertod geschenkt, wahre Worte hört er nicht

Verhungern tut er, plappernd Papageien gleich, die Worte singen ohne Sinn

Nachplappernd dressierter Vogel, dessen Fressnapf Inhaltslosigkeit enthält

Nachgesprochen Weisheit macht eben nicht satt, es bleibt der Seele Hunger

Letzt führt das Geplapper weiser Worte, nur langsam aber sicher in den Tod


Bewusstheit schenkt Bewusstheit, gibt mehr von Freud und Leiden

Unbewusstheit hat von Beiden im Besitze, deutlich spürbar weniger

Sensibilität erwacht im Einen, sogleich entsteht Intensität vermehrt in Allem

So ist Abstumpfung dem Anderen zu eigen, kleiner wird Welt und Erleben

Absurderweis, scheint uns das Erstere, anstrengend im täglich Angewandten

Letzteres erachtet man rasch und all zu gerne, als das leichte Leben

Beides ist nur halb die Wahrheit, sicher ist, Bewusstsein gebiert gar Freiheit

So frag ich die Gefährten, einziges was zählt, was wollt ihr als eures wissen

Und doch da sprießt und wächst Es, trotz all der Widrigkeiten

Es sucht sich Pfad durch dunkle Schichten, von Unten gerad nach Oben

Auch wenn sich Wolken der Hoffnungslosigkeit aneinander reiben

Der golden Hoffnungsschimmer, findet Weg hindurch das Wolkendicht

Licht findet letztlich sein Adressat, nährt es mit strahlend Liebe

So Schimmern wird zum Scheinen, lässt all die Wesen ins Licht erwachsen

Doch du bestehst mit Vehemenz darauf, weißt nichts von Wundern


Die Zukunft ist da

Ist hier, längst am Platze

Die Vergangenheit hatte sie schon immer inne

Eben gleichsam, wie Gegenwart, die Vergangenheit in sich trug

Nichts ist neu, nur in neuem Kleide

Gegenwart wurde aus der gewollt Zukunft geboren

Das Gegenwärtige war die zukünftige Mutter des Vergangenen

Zukunft zwingt die Vergangenheit zu sein, um zu werden

Tausendfaches Scheitern birgt mein größter Erfolg

Der Mut zum Versagen, ebnet den Pfad zum Triumph

Jedes einzel Scheitern, ist nur ein weiterer Schritt in die Wahrheit

Wer das möglich Versagen nicht sucht, wird den groß Erfolg nicht ernten

Durch die Hölle führt die steinig Straße in den Himmel

So lasset uns Leben riskieren, auch wenn wir den Tod darin finden mögen


Meine Worte werden aus der Liebe geboren

Geboren ward jeglich Vers aus Liebessinn, Dichtes mein Inneres verlässt

Schreibe für die Liebe und den Frieden, bin sogleich darinnen

So jedes Herz das Wort berührt, ist unschätzbarer Lohn, Liebe die erstrahlt

Weder Brot noch Wasser, wird jemals gleich Seelennahrung sein

Wenn deine Füße sind moderfeucht, vom fehlend trocken Liebesgrunde
Dein Bauch bereits Ödeme zeigt, vom trüb schweren Wasser aufgebläht

Wenn deine Knie weich vor Angst, aufgeweicht vom Sumpf böser Gründe
Wenn das Eis ist dünne auf dem du stehst, du mit Trotz zeigst kalte Schulter

Wenn Furcht vor Stille, dich nicht stille sitzen lässt, Untergang droht leise
Wenn dein traurig Herz das Schlagen mindert, Trauerwasser bleibt zurück

Dann oh schlafend Menschheit, steht dir längst das Wasser bis zum Halse


Du bist immerzu im Überall
Doch liebt es der Mensch dies zu leugnen

In allem bist du Kern und gleichsam sichtbar Oberfläche
Doch all zu gerne, denkt der Mensch sich verkleidend Fassade hinzu

Geboren ist rasch philosophisch These, gescheit Theorie, auch weise Lehre
Geboren schnell wissenschaftlich Hypothese, nicht zuletzt blinde Theologie

Im puren Sein jedoch, bist du nicht zu leugnen, falscher Anstrich bröckelt
So der Putz fällt von der Fassade, göttlich Realität kommt zum Vorscheine

Mein Leben ist auch im Gewöhnlichen, längst Gebet

Ist Huldigung von Sinn und Unsinn

Ist stetig bestaunen von Schönheit in allem

Ist ehrfurchtsvoll Blicken in den schonungslos Wandel

Ist sekündlich zelebrieren von Leben und Tod

Ist demütig ehren vom Großen im Kleinen

Ist Dankbarkeit allein für das bloße Sein

Mein Leben ist Gebet, alles was von Nöten, ist just meine Teilnahme


Ich weine und lache zu gleichen Teilen, leise und laut

Bin traurig vor Glück, bin entrückt, bin eben von süß Traurigkeit entzückt

Schwer und leicht ist mir, schwebe in hohe Lüfte, stehe auf meinen Füßen

Tränen in meinen Augen bezeugen Dankbarkeit, im Seligen bin ich daheim

In Friede, in Gott bin ich, ich lass mich einfach sein, lass mich einfach sein

Mein Friede braucht nichts, ist kostenlos, bedarf einzig nur mein Loslassen

Friede möcht nur mein so sein, möchte alleine nur, das ich bin wie ich bin

Das Leben ist wie das sitzen im übervoll Wartezimmer des Psychiaters

Ein Kommen, ein Gehen, gewiss niemand ist gerne hier, doch muss er wohl

Man pflegt sein neurotisch Pläsierchen, gibt aber den Normalen zum besten

Und könnte man, wie man wollte, ja dann, dann wären alle an anderem Orte

So gesehen, jeder ahnt sich gesund, nur der Andere hat ja wohl den Schaden

So lebt ein jeder in seiner klein normalen Welt, umgeben von Verrückten

Grämend Sorge, gibt keinem Menschen etwas Gutes

Macht letztlich nur das Lebenswasser bitter

Mitgefühl ist hier doch eher angebracht

Doch Selbstliebe ist in allen Fällen, stets die erste Wahl

Denn ist es nicht ein offen Geheimnis

Selbstliebe beinhaltet alles, ehrt die Süße des Lebens, macht Wasser klar

Sommerstund

Jeder meiner Atemzüge ist geschwängert vom Aroma deiner Grünheit

Lebendig ist Duft des Erblühten, gesättigt die Luft in gerad erträglich Maß

Ich atme Wald, atme Wiese, atme tausend Blüten, in jeder umwehend Brise

Sommerstund

Ich bin Gemütes schwanger von deiner Fülle


Ich lese auf einer Wand geschrieben, SOS, save our souls

Und freu mich insgeheim sogleich, das da Seelen sind, die Rettung möchten

Ist es doch in heutig Zeiten selten Phänomen, das eine Seel Befreiung sucht

Doch bereits im nächsten Moment wird mir klar, ich freute mich zu früh

Denn es sind doch letztlich nur die Körper, die laut nach überleben schreien

Leere Hüllen rufen SOS, um die Seele mag sich niemand kümmern

So kann ich näher hin gehört, doch nur ein Fazit wähnen, ein mir Bekanntes

Da ist keine Seel die um Rettung bittet, kein Hirte der Seel Heimweg weist

Ja ich gestehe

Ich höre leise, die kleine dämonisch Stimme der Verurteilung in mir wüten
Die Stimme fordert, das Menschheit bestraft wird, für ihr unmenschlich Tun

Fordert, das sie in Flammen aufgeht, lichterloh, entzündet von eigener Gier
Fordert, das sie zu Grunde geht, an ihrem eigen Wahn der Unterdrückung

Fordert, das Mensch bezahlen muss, für all seine Taten des Greuel
Ja in mir schreit es nach Vergeltung, schreit es nach Rache am Volke
Doch dies ist nur die Stimme eines kleinen Mannes, gedemütigt und verletzt

Gott teilt diese Ansicht nicht mit mir, er war niemals ein Gott des Gemetzels
Wie der Mensch auch handeln mag, Gott liebt ihn ewiglich, verurteilt nie
So bin ich froh, das liebes Stimme in mir, mit jener Stimme Gottes einig ist


Ach habe ich doch Angst und Abscheu, vor dem Schreien des Kindes
Ist wohl mein eigner Urschrei der Verzweiflung, den ich tief in mir trage

Geheul das ich meide, auch vom fremd Kind gespiegelt, schier unerträglich
Wollte es nicht mehr sehen noch hören, Kind das nach wie vor in mir tobte

Wehklagend, verlassen von geliebter Mutter, verlassen von Gott dem Vater
Mein inneres Aufschreien, das ich in jedem Kindermund erahnen wollt

Tausendmal gesprochen die heiligen Worte, ganz im profanen Sinne

Tausendfach gefallen ohne Wert, Worte wie Liebe, Frieden und Intuition

Bis wir durch Litanei des Alltäglichen, Resistent wurden für das Heiligtum

Multiresistenz erlangten für ein Liebeswort, das Lebensbakterium an sich

Schamlos haben wir es benutzt um es letztlich abzunutzen, das heilige Wort

Bis es dem Antibiotikum gleich die Wirkung verlor, heute gar unwirksam ist


Der Mensch wusste noch nie von seinem kommend Tag

Wusste niemals von seiner nächsten Stunde noch Sekunde

Unbekannt ist die Zukunft für Mensch und Ding von Anbeginn der Zeit

Doch sieht Mensch sein ganz Leben vor sich, als ob es gemeißelt in Stein

Nicht eine nächst Sekund war ihm je vertraut, wenn auch wahrscheinlich

Und dennoch spricht er all zu gerne von seiner sicheren Zukunft

Hochgeachtet Verzeihung, du bist mir liebstes Kind
Seit ich dich ungewollt adoptierte, fällt mir mein Leben gänzlich leichter

Wie befreiend es doch ist, dich herein zu bitten, der Liebe Raum zu bieten
Wie befreiend es doch ist, dich als Gast zu wissen, die Liebe im Schlepptau

Verzeihung, als du mir noch fremd warst, war mein Herz bitter vor Zorn
Deine jetzt stete Gegenwart, lässt mich in Frieden ruhen, in Frieden sein



Ein Mann sollte in seinem Leben ein Baum gepflanzt haben, sagt man
Ich ehre diese fromme Empfehlung, doch scheint mir dieses Tun zu gering

Denn ein klein rechnerischer Fehler, lässt die Überlebensgleichung wanken
Denn ist nicht ein einzel Baum der Erde zurück gegeben, nicht allzu wenig

Frisst doch ein Mensch zu Lebzeit ein klein Wäldchen der Erde vom Kopf
Und so manch einer vernichtet sogar ganze Wälder an einem einzel Tag

Ein Bär fragt seinen Freund Fuchs, wie es denn sei, ein Fuchs zu sein

Der Bär war ein wahr Suchender, der Fuchs hatte sich bereits gefunden

So schlau ich auch sein mag, antwortet dieser, ich kann dir nicht helfen

So bereit du auch bist, du kannst nicht nehmen, was nicht zu geben ist

Denn um zu wissen, wie es ist, ein Fuchs zu sein, musst du eben Fuchs sein

Dies kannst du nur selbst erfahren, kann dir niemand geben, noch nehmen

Wieviele geistig Häupter müssen rollen, das die Vernunft verstummt

Wieviele klug Hydraköpfe muss man enthaupten, das Herz zu Worte kommt

Ist denn die Vernunft tatsächlich zu solch vielköpfig Ungeheuer erwachsen

Das sie durch ihr lauthals Geschrei, kaum noch Herztöne vernehmen lässt

Wie dem auch sei, lasst uns schwören, Herzen Redefreiheit zu gewähren

So das jedes wund und verstummte Herz, heut Lied der Liebe singen mag

All die weltlich Rangelei, scheint mir so banal und einerlei

Mensch nimmt sich in jeder Kleinigkeit so groß, das nur ein Lächeln bleibt

Der Menschheit Belange erklären in allem Tun, die Unsinnigkeit, das Bange

Wäre dies nicht Spiel um Leben und Tod, man würde kein Warum erkennen

Ich für meinen Teil, kann dieser insektoiden Wuselei nichts abgewinnen

Nur wenn ich einem Tag Bedeutung schenk, ist dem Leben Sinn abgerungen



Wahrheit ist kaum fassbar, gar nur zwischen zwei Extremen zu erahnen

So ist Leben ein Mysterium, unverwüstlich und gleichsam sehr zerbrechlich

Feindlich Gesinnung ist überall, der Tod ist natürlich Rivale vom Leben

Erwachen tut Leben ohnehin, erstmalig entstanden scheint es kaum zähmbar

Obgleich Tod jed Sekund über Schulter schaut, ist er dem Leben rar Gefahr

Doch schlägt er einmal zu, ist es ohne Erbarmen, vorbei geht still das Leben

Schon immer stand ich auf Weltenbühne der unbegrenzten Möglichkeit

Wurde hinein geboren in universellen Raum, genannt auch göttlich Fundus

Doch als ich noch von Bewusstsein klein und wertlos mich empfand

Schämte ich mich wie hässlich Entlein, kleidete mich wie ein armer Bettler

Als Bewusstsein erwachte, Bühne heller wurde, rückte ich ins Rampenlicht

Vom Liebeslicht befreit, sah ich die Vielfalt der Persönlichkeit Kleidung

Und dann, als göttliches Licht mich erleuchtete, wurde dies Faktum klarer

Ich stand stets inmitten Wahrheit, inmitten Liebe, inmitten von freiem Raum

So konnte ich von Anbeginn meiner Zeit, das sein, wohin mich Sinnen zog

Konnte schon immer tun und lassen was ich wollte, doch wusste ich es nicht

Ich befand mich allzeit im selbig Raum, im heilig Saale, war nie Andernorts

Zweifellos, grenzenlose Möglichkeit, war stets beinhaltet Wechsel-Inventar

Es ist dem Menschen wohl gleichsam in die Wiege gelegt
Das Aufbegehren entgegen dem Großen
So das natürlich unterordnend Fügen gegenüber dem Stärkeren

Somit folgt der Mensch stets einerseits seinem Drange zur Rebellion
Lässt sich Knechten auf der anderen Seite bald von Jedermann
So sitzt er nicht selten unbequem ein Leben lang, zwischen beiden Stühlen

Zwiespalt, innerer Kampf, auch Resignation sind indes oft treu Begleitung
Doch seinen besten Freund, die werte Ruhe, findet er meist nimmer mehr


Ich frage mich ganz unbeschwert, frag mich gerad ins Blau hinein
Ob der dicke Mensch Schwanger mit sich selbst, nicht zu Geburte kommt
Der Magere dagegen eher gebärt und gebärt, doch nicht auszutragen vermag

Sammelt der Eine seine ungeboren geistig Kinder im Korpus um sich herum
Schickt der Andere seine Kinder in die Welt hinaus, ohne sie je zu kennen
Summiert sich Materie am Orte, wo sich die Entfaltungsfreiheit subtrahiert
Und teilt sich Körpermasse da, wo Idee sich unbelebt Potenziert

Gewiss ist dies nicht der Wahrheit letztes Wort, etwaig nur, bloß Unfug
Doch letztlich bleibt es im günstig Falle, stets eine inspirierend Sichtweise

Ein winzig Ding die Sonne verfinstert, wird es ihr in den Weg gelegt

Ebenso wie kleinkariert Gedanke, das durchscheinen der Liebe bricht

Losgelassen, ungebändigt von der Liebe, ist Vernunft stets ihr Gegenspieler

Wer die Liebe blind erklären will, verliert die Liebe ausser Sicht

Die Liebe ist nichts Erklärbares, was der Liebe auch nicht von Nöten ist

Denn in Liebe macht auch unerklärt alles seinen Sinn



Es sind Millionen Menschen die durch Hungersnot ihr Leben geben

Doch Milliarden Seelen die an Liebesnot erkrankt sind bis ins Mark

Vielen mangelt es an körperlicher Sättigung, viele mehr sind Lieb ermangelt

Und ich frage mich, ist es mir je gelungen, nur einen Einzigen zu stillen

Einen Magen zu füllen ist in dieser Hinsicht noch all zu leicht vollbracht

Doch eine Seele kann sich einzig und alleine selbst Erfüllung bringen

Versuche nicht die ganze Welt zu retten, oh geliebtes Menschenkind

Denn es ist ohne Zweifel untragbar Gewichtigkeit, ist groß schwere Bürde

Du hebst dir einen Seelenbruch, geladen Martyrium auf der Schulter

Brichst dir das Herz in zwei, dies Kreuz getragen mit Menschenkraft

Such nicht die Rettung deines Nachbarn, geschweige denn, Kind und Kegel

Erlöse dich selbst von eigener Last, auf das du fliegst Engelsgleich davon

Und lass dir versichert sein, ganz nebenbei, dich zu retten ist riesig Aufwand

Die Flugstunden gerad mit dem eigen Selbst, dauern oft ein Leben lang


Wie wohl tut es der Seele, gerad verstanden zu sein

Verstanden im Ganzen, gänzlich ohne Worte

Zustimmung universale, ein Ja gesprochen durch Blick, Geste, Nicken

Verstanden sein, trotz missverstanden Wortes, das plötzlich Räume öffnet

Verstanden sein am Orte, wo Worte richtungsweisend, nicht Erklärung sind

Verstanden sein in der Tiefe, die durchbrochen all eitel Oberflächlichkeiten

Ja, du verstehst mich ohne Erklärung, verstehst in mir selbst das Sinnlose

Bei mir sein, heißt in Liebe sein

Unvollkommenes ganz angenommen

Alles ist unfertig, ist niemals am Ziele, wandelt sich von Sekund zu Sekund

Innen wie Außen ist dem vorübergehend Sein gewidmet, ist nie am Ende

Bei mir zu sein, ist Liebe leben, mit mir und der Welt die mich umgibt

In Liebe sein, auch gerad mit den Dingen, die mir nicht Wohlgefallen

Denn dies macht doch gerade meine irdisch Freiheit aus

Mein freiheitlich liebend Sein, mit der menschlich Unvollkommenheit


Wenn der Mensch vom Sein ist mitgenommen

Wird er bewegt durch Geistes Hand

Kein Entscheiden, kein Handeln, kein Willensakt ist hier von Nöten

Aktiv Passiva, bewegt wird er, augenblicklich, von unsichtbaren Kräften

Gerufen, gezogen vom leeren Raume, ist es Hingabe die ihn ins Innen zieht

Motiviert vom inneren Wollen, nimmt er Raumzeit ein im Unbekannten

Das Sein ruft, schiebt und zieht ins Leben hinein, so der Mensch es nur lässt

Hat der Mensch ein Ziel, welches auch immer, gilt es zu fokussieren

Letztlich ist auch die Reduktion, all anderer Augenmerke zu akzeptieren

So muss der Weg zum Ziele schmäler werden, damit man ihn nicht verfehlt

Ausweg, der an andere Ziele führt, ist somit von inner Landkarte abgewählt

Aus gutem Grunde sei erbittet, das dies Gehen aus freien Stücken kommt

Ferner findet man sich all zu schnell an Orten, die zuvor niemals erdacht

Abermals sei betont, jedes Ziel ist hier rechtens, ist es dem Menschen eigen

Ihm muss Ziel gehören, wohin sei Streben geht, so Urkräfte sind entbunden


Oh Sonne, leuchte mich aus

So das kein klein Winkel in mir an Schatten übrig bleibe

Flute mich mit deinem Lichte

Das all das Meine zu Deinem wandeln mag

Belichte mich, so das ich mich Überbelichtet auflös'

Mein Schein sich absorbiert, meine Bilder in Bildlosigkeit Erlösung finden

Routine ist der frühe Tod jeder Spontanität

Gewohnheit ist die Speerspitze in des Liebhabers Herzen

So ist die Wiederholung des Selben nie das Selbe, welk wird die Frische

Jedes hohle Wiederkäuen treibt die Lanze der Langeweile tiefer ins Herz

Jed Echo des Realen wird Mal zu Mal schwächer und die Illusion erwächst

Zum Schluss glaubt man dem Todwiederholten und Spontanität ist hinfort

So singen die Engel im Chor, Mensch lass niemals Routine das Leben leiten

Sie führt dich hinweg aus dem Hier und Augenblick, entführt dich der Liebe


Ich höre im Geiste, wie ich dem guten Freunde rate

Erspüre doch das Köstliche in dir, erspüre die innewonnig Lieb-Sprudelei

Er erwidert prompt, da ist nichts Edelfühliges in mir, das ich erspüren könnt

Doch ich will dies kaum fassen, ist die Ungeheuerlichkeit tatsächlich wahr

Falls ja, sage ich, geh in die Welt hinaus find Köstlichkeit die dir entspricht

Denn dann gefunden, kannst du jeder Zeit, das dein Köstliche in dir erinnern

Hier bin ich, throne inmitten des Diamanten, den ich mein Leben nenn'
Von hier aus schaue ich auf seine Pracht, sehe die Vielfalt seiner Facetten

Jeder Aspekt ist gleichwertig, einer wie der andere ist groß Sinngebäude
Mein Fokus ist es, der aus der Mitte her, die Oberfläche des Lebens sucht

Mein Augenmerk auf klein Teil ist es, der ihm Bedeutung und Liebe schenkt
Facette der ich somit Fokus entzieh, wird meine Lieb doch niemals verlieren

So ist mir hier in meiner friedlich Mitte, eines stets ganz klar im Erschein
Alles um mich herum hat den gleich Sinn, ist wertvoll gleich dem Anderen

So spricht die unmoralisch Moral dieser Geschichte wohl vom Freigeist
Ich kann jeden Teil meines Lebens beleuchten, ausblenden welchen ich will
Kann das Licht der Sonne bestaunen, oder Monden Schattenreich begehen

Warum denkt der Mensch denn bloß stets auf solch binäre Weise
Ist er doch an sich eins, ist doch Mensch ganz in Ganzheit

Unermüdlich sucht er Gegenstück, als ob in der Eins die Zwei fehlen möge
Binär und Polhaft schaut er auf die Welt, übersieht dabei, das alles eins ist

Vergessen hat er längst, das dem Einen, alle Zahlen, die Vielheit inne wohnt
Verlernt, das er im Weißregenbogen lebt, das er in Unschuld stets Summe ist


Die stete Lust sich zu berauschen liegt dem Mensch wohl tief inne
Mag mutmaßen, das es der Mangel ist der ihn ruft, Erleichterung verspricht

Fiebrig wird er, Hitze steigt auf die er vermisste, er lässt raus was gefangen
Ob Brot und Spiele, Arbeit und süß Wein, er nutzt alles gern zum Rausche

Um sich zu entlocken, was bei klar Verstande in Unzugänglichkeit gebannt
Der Rausch lässt Zügel vom Tiere frei, es galoppiert Gelüst und Begierde

Alles hat sein Recht, steht außer Frage, doch in Klarheit ist vieles nützlicher
So Mensch sei erinnert, es ist alles in dir, folgt deinem Herausbitten im Nu

Das Verhalten des Menschen verändert Gott nicht im geringsten

Doch des Mensch Verhalten, ändert massgebend den Menschen selbst

Weder Gebet noch Dank, Krieg noch Frieden lassen Gottes Gnade entlocken

Doch des Menschen Seele erhellt oder verfinstert, durch dies was er tut

Fühlen und Denken, beschwört kaum Zorn noch Freud in Gottes Angesicht

Doch alles Tun und Nichtstun, macht insgesamt aus, des Menschen erleben


Da ist kein wirklich Leben, ohne dich

Kein bisschen Sein in Frieden

Da ist keine einzel Seel ohne Ruh, ohne deine Präsenz

Kein Glück gefunden im einfach Sein

Da ist kein Quentchen Wahrheit unter einem Steine, unter freiem Himmel

Kein einzig Wahres ist eh und je gewesen, ohne deine ewig Anwesenheit

Da ist keine Erlösung von der Trieb suchend Kraft, ohne dein lieb Erlösen

Ein Finden existiert nur mit dir, um zu finden alleine nur dich

So ist meine Bilanz des Lebens, alles ohne dich, ist letz nur Trug und Schein

Oh wie sehnt sich doch das kleine Ego nach ein wenig Sicherheit
Greift nach jedem dünn Faden, der sicheres Geleit verspricht

Will eben sicheren Boden unter wankelmütig Füßen wissen
Will einfach sicher sein, der Gestalt des nächsten Morgen

Das Ich sucht den Stein der Weisen, an dem es sich festzuhalten weiß
So gern würde es mit Sicherheit wissen, das es Liebstes nicht verlieren kann

So wünscht sich Ego verbindlich Vertrag, der des Glückes Zuversicht gelobt
Sicherheitsnetz ist erfleht, das in allen Belangen Unverletzlichkeit beteuert

So greift das klein Ego nach jeglich Strohhalm im Meer der Unsicherheit
Greift nach allem, um nur winzig Tropfen vermeintlich Sicherheit zu finden

Denn Gewissheit, ist des Ego's angebetet golden Kalb, fern bleibt sie immer


Ein manches Mal schützt das töricht Kind, alleine das eindeutig Verbot
Freigelassen von Mutters Hand, schenkt es sich all zu leicht dem Abgrunde

Fraglos, so manch Mensch bleibt lebenslang ein Kind in seinem Inneren
So ist oft klar Nein auch für Erwachsene, einzig was sie vor Torheit bewahrt

Letztlich, verbietend Gesetz hat da Sinn, wo Bosheit auf Verrichtung wartet
Ein Nein tut wohl einem jeden gut, dem ein Ja zur bitter Pille wird

Stetig fliessend Wasser höhlt den Stein

So mag es wohl auch mit der Unbewusstheit beim Menschen sein

Denn wird dunkel Unbewusstes nicht in erhellend Bewusstsein entlassen

So höhlt es des Menschen Empfindungsfähigkeit unbedingt auf's Stete aus

Bis übrig bleibt nur das Stumpfe, übrig nur der gefühlstaube Mensch an sich

Ist nativ Gang hin zur Bewusstheit erlahmt, wuchert Unbewusstes immerzu

Zurück bleibt eben nur, Menschenhülle ohne Seele

Verbannte Seele auf der Flucht, suchend ihre körperlich Heimat


Der freie Wille, welch unschätzbar Geschenk

Doch bringt er dem Menschen nur unter Regentschaft der Liebe Frieden

Und überhaupt, der freie Wille, ist nicht überall ein gern gesehen Gast

Viele kennen ihn mit Namen, Qual der Wahl, und wer hat dies schon gerne

So ist es verständlich, das Mensch aufbegehrt, wenn ihm Wahl genommen

Das er Sie versucht als Illusion zu benennen, wenn Sie sich zu ihm gesellt

Ohne der Moral Stimme zu erheben, der freie Wille ist göttlich Geschenk

Gewiss nur wenige nutzen ihn, sich selbst und dem Volke zum Besten

Kann ich denn hinein sehen in den Anderen, seine Motivation erblicken

Kann ich denn ahnen welch Gedanke im anderen Menschen Wohnung hat

Kann es gar sein, das ein Mensch der sein Kind in den Abgrund stürzte

Es ganz im Gegenteile eigentlich retten wollte

Kann es sein, das ein Mensch der seinem Freunde Hand zur Rettung reicht

Gerad nur sich selbst, seine eigene Vorstellung, in Sicherheit wissen möchte

Will der Schein nicht oftmals täuschen, möchte gern ein Märchen fabulieren

Täuschend Geschichte erzählen, die wir meist all zu gerne glauben möchten

So ist vielleicht indes alles umgekehrt, wie wir es im Leichtsinn erdenken

Wahr Gesicht bleibt mysteriös, bleibt unerkannt, hinter oberflächlich Maske


Der Mensch galoppiert oftmals in Raserei, zu seinem erdachten Ziele

Dort angelangt, stellt er nicht selten fest, das es dort recht einsam ist

Gern mag Zufall ihm auch das Bein stellen, er findet sich am Starte wieder

Das Schicksal hat eben für jeden eigen Ziel, schenkt allem die natürlich Zeit

Kann Mensch noch zählen, was er nicht hält, doch täglich verspricht

Kann er gar beziffern, wieviel auferlegte Schwüre er im Augenblicke bricht

Gott weiß, das er sich mit Lasten beschwert, die er partout nicht tragen kann

Faktum ist, das Mensch im Meineide mit sich lebt, im Meineid mit sich ist

Wenn der Mensch wüsste, wie leicht es ist, in Einklang zu schwingen

Wenn er bloß wüsste, das nichts ist von Nöten, für den inneren Frieden

Was würde er wohl tun, wenn bewusst ihm wäre, das er längst Vollkommen

Was würde geschehen, wenn sein Herz erblickte, das er im Paradies verweilt

Würde er dann wohl dem Wahnsinn ein Ende bereiten

Oder würde er dennoch seiner Hölle Vortritt geben, ungeachtet der Himmel

Gott begriff eilends, das es dem Menschen nicht recht zu machen sei

So hat er dies fromme Vorhaben, schon längst zur Unmöglichkeit gekrönt

Hat dem Mensch Gabe geschenkt, ohne wenn und aber glücklich zu sein

Hat ihm generell, ohne im Recht sein zu müssen, das Richtigsein beschert

Wenn nun Mensch gesteht, das sein müßig Wollen, inneren Krieg beschwört

Kann er so einsehen, das er bereits alles besitzt, das ihn in den Frieden weist


Jed Leid, jed Schmerz, ist nur weiterer Anlass sich Gott zu schenken

Jed hungertode Kind, jed Opfer des Krieges, ein Argument zur Hingabe

Jed Träne, jed Schluchzen, nochmals Bitte, einzig alleine Gott zu dienen

Jed Wahnsinn, jed Greultat, ist Ruf sich hinzuwenden dem Gottes Angesicht

So ist Übel der Welt, gut Grund die eigne Scheinheiligkeit einzugestehen

Um vorbehaltlos, letztlich bewusst, sich dem Willen Gottes zu beugen

Nächstenliebe, zeigt meist mit dem Zeigefinger, weit von uns hinfort
Doch ist der Mensch sich rein faktisch, immer erst selbst der nächste

Gerade wenn er neben sich steht, wenn er nicht bei sich ist, macht dies Sinn
Dann ist Nächstenliebe angesagt, sich Selbst lieben, Annäherung leibhaftig

Denn erst wenn der Mensch ist in Liebe mit sich, kann er aus Fülle geben
So braucht dieser Mensch nichts zurück, denn er hat freilich mehr als genug


Verständnis ist dem Menschen nicht immer gut Berater
Verständnis kann zur Liebe leiten, kann auch all zu gern ins Irre weisen

In der Selbstliebe allerdings, sind Verständnis und Mitgefühl stets Zuhause
Sind werte Gäste, raten dort im Chore an, immerzu in Liebe zu verweilen

Denn Selbstliebe rät zur Selbstliebe unbedingt, keine Frage
Alles Andere, bleibt es der Liebe fern, ist eigentlich sich Selbst am nächsten

So möge Mensch argwöhnen dem Verständnis, argwöhnen dem Verstande
Denn ohne Liebe, sind die Beiden gar mörderisch

Ich rufe die Flügel der Leichtigkeit

Rufe die Winde, die mich durch herrlich Luftigkeit gen Himmel tragen

Rufe die Liebe des Herzens, die jedem Ruf des Lebens in Vertrauen folgt

Rufe innere Stimme Gottes, die stets weiß, welch Pfad der Meinige heißt

Rufe die Wurzeln, die Himmel und Erde verbinden, mich in Balance halten

Rufe mein Wesen, rein Bewusstsein, das flüchtig zwischen den Welten lebt

Rufe all die Kräfte, die mich mit Freud das Fliegen lehren

So das mich die unendlich Freiheit, als adäquat Gast empfängt


Schuster bleibe bei deinen Leisten, sagten sie gar tausendmale

Und in meinem Innern ertönte großes Ja, ich stimmte im Herzen lauthals zu

Indes fragte ich mich gefühlte Ewigkeit, aber was sind denn meine Leisten

Halbes Leben suchte ich so vergebens, fand nur was nicht das Meine war

So lebte ich von mir verlassene Zeiten, ahnend das Eigentum in mir wohnte

Wenn auch einziges das ich hörte, eine Mär war, die nicht von mir erzählte

Bis ich bemerkte, das ich es immer war, der mir lieb von Innen entgegen sah

Mich innewohnend Wesen bittend ermahnte, in mein Spiegelbild zu blicken

Pro forma bin ich trüb Ozean, über den Orkan hinwegzufegen scheint

Gewitter, Regen, Sonnenschein, Herbstwinde und Sommerguss meine Gäste

Doch im Inneren, bin ich stille See, dessen Oberfläche Gottes Liebe spiegelt

Nicht zu leugnen, ein friedvoll Inneres, das von Außen selten gesehen ist

Und nein, Gleichzeitigkeit ist weder unmöglich, noch wirkliche Diskrepanz

Denn klein Orkan auf Erden, passt sorglos in himmlisch Wasserglas Gottes



Jeder Tag, darauf der Nächste, birgt stets verborgen Wunder

Jeder neue Tag hält bereit unverhofft Glück

Jede Sekunde entlässt Unsichtbares in die Welt der Sichtbarkeit

Jeder Augenblick schenkt Einblick in die Ewigkeit

So fragt sich nur, sind Augen und die Herzen offen, um Wahres zu sehen

Sind die Hände geöffnet, um Verborgenes zu empfangen

Gewiss, das seelisch Flachland birgt seine oberflächlich Sicherheiten
Doch tiefe Gräben der Meere und die blaue Weite des Himmels bleiben fern

Denn ist nicht Gefühlsformel, um so tiefer die Täler, um so höher die Gipfel
Ist nicht die Intensität Tochter der Haltlosigkeit, so die Sicherheit enge Zelle

Der Himmel bleibt wohl geschlossen, wenn nicht Wege der Hölle gegangen
Ganzheit ist ersinnt, der Mensch kann nicht das Eine ohne das Andere haben



Oft sucht der Mensch im Außen, auf Frage eine Antwort
Doch ist sie längst beantwortet im eignen stillen Innern

So wartet im außen nicht selten mehrstimmig Verunsicherung
Doch im Innern ruht mit Sicherheit die eigne Wahrheit

Ganz liebevoll hinein gelauscht, kann man sogar Gottes Worte in sich hören
Denn unsere Worte, und die des Gottes, wohnen in uns, von Zeit Anbeginn

Gott ist Liebe

Liebe ist Gott

Alles andere ist wohl bloßes Hirngespinst

Sind Dämonen denen wir all zu gerne Herberge in uns geben

Wobei auch Jene aus Gottes Liebe schlüpften

Doch sind sie flügge, sei dem Mensch geraten, sie davon fliegen zu lassen

Tiefer geblickt darf ich feststellen, das alle Menschen das selbe wollen

Jedoch bestreitet dies ein jeder, kämpft gegen alle, anstatt einander zu helfen

Es ist gewiss ein bizarres Schauspiel, dies Menschentreiben zu bestaunen

Brüder und Schwestern beim gegenseitig Totschlag zu beäugen

Auch leicht befremdend ist es wohl, die Menschheit unter sich zu betrachten

Zuschauer sein, beim wohlstand Totfraß und langsamen unnötig Verhungern

Oh wie seltsam scheint das täglich Gesehene, bewusst das jeder Selbes will

So wünscht sich der eine ein Leben lang, in Mutters geborgen Bauch zurück

Der Andere sehnt sich täglich, in Anerkennung in Vaters Arme geschlossen

Gerade geboren, noch feucht hinter den Ohren

Möcht die Menschheit liebst gesamt Universum in Regentschaft nehmen

So darf ich mir offen eingestehen, das entlockt mir prompt ein Schmunzeln

Ist sie doch kaum im Stande, ihren gut Lebenszweck auf Erden zu finden

Auch in den unteren Rängen der Engelschöre höre ich es raunen

Solch Impertinenz schenkt auch dem Allerheiligsten ein leichtes Magenweh

So schaue ich prophetisch in die Zukunft, sehe ich der Erde Inneres erbeben

Sie wirft das Menschengeschlecht aus, unverdaut



Ist es sinnig Heute Baum zu pflanzen, im Wissen, das er Morgen stirbt

Ist es vernünftig Heute Mensch zu lieben, im Wissen, das er Morgen geht

So antwortet die Liebe selbst, wenn nur für eine Sekund Gott erblicket sei

Ist das Leben des Hundertjährigen mit Sinn gelebt

Nicht immer, doch all zu oft, ist erfragt Entscheidung, Liebeshandlung

So ist verweigert Entscheiden nicht selten, ausgedehnt Selbst Misshandlung

Misshandle mich, aushaltend viel zu lange, die inner selbstgemacht Hölle

Warte, anstatt mich zu befreien, in dem ich mich ins Glück hinein entscheid

Oh Mensch, höre ich Engelsstimmen raten, entscheide dich, für dich alleine

Öffne dein Herz für Liebe, entscheide dich hinaus aus der Entfremdung


Kurzsichtig schaut man gern auf die Sonne, sieht nur deren Helligkeit

Sieht nur blau Himmel, Lichtfülle ist einzig Realität die einem erscheint

Doch der Weitsichtige weiß, hinter der Sonne wartet Dunkelheit, das Nichts

Hinter der Welt die wir kennen, wohnt die Unendlichkeit, das Unbekannte

Die Sonne ist nur winzig schwimmend Ding im endlos Meer des Nichts

Und eilends ist aufgebläht im menschlich Geiste, Winziges zum Gotte

Verträge macht der moderne Mensch all zu gerne, zu jedem Belange

Kann kaum sein ohne Einigung, kann Vereinbarungslosigkeit kaum ertragen

Er schließt Vertrag mit sich, mit anderen, will sich stets im Pakte versichern

Regelt Partnerschaft, gesellschaftlich Benehmen, nennt es Verbindlichkeiten

Zu guter letzt hält er gar Vertrag mit seinem Herzen, gar mit der Liebe selbst

Gibt arglos kindliche Gesetze vor, öffnet sich nur wenn niemand ihn verletzt

Der Mensch liebt Versicherung, liebt nur, so Liebe ihm entgegen gebracht

So gelten seine Verträge, das ganze ad absurdum geführt, nur für Ewiglich


Wahr Sicherheit find ich nur in mir alleine

Sicherheit kann ich erahnen zart, irgendwo im Raum meiner Mitte

All Außen ist bloß Schein, gibt Gefühl des Sichersein, nur in Gebundenheit

Gar bitter Fall, ist hier die Knebelung, die mir pervertiert den Halt beschert

So ist mein sicher Verbleib, die Sicherheit, nur zentral im Innersten gewährt

Und Jene, die treuste die ich wohl erleben kann, ist auch nur ein Relatives

Es ist die Liebe, nichts als die Liebe, die erlebten Reichtum schenkt

Nur die Liebe, die Erfahrung und Sein, mit dem Selbigen gewährt

Die Liebe alleine ist Geburtsstätte von allem, letzt von Himmel und Hölle

In ihr wohnend, wissen wir die Berechtigung, den Sinn von allem

In ihr ruhend, ist die Hölle nur klein Bewusstseins Störung

In ihr ruhend, ist der Himmel nur freie Entscheidung


Frieden finde ich nicht in der Identifikation mit den Dingen

Ganz im Gegenteile, schenkt die Anhaftung am Ding, den schnellen Hader

Ich identifiziere mich mit Einen, bin gleich im Kriege mit dem Anderen

Ich hafte an, an einer Seite, so ist geboren vermeintlich Gegenseite im Nu

Löse ich mich von der Idee, sein zu müssen, ob Frau, ob Mann zu sein

Finde ich mich im grenzenlos Lande wieder, des einfach so sein, gerade so

Ich bin nicht, ich muss nicht, ich brauche nicht, existiere in ortloser Zeit

Da, eben da, sind Gott und Göttin natürlich daheim

Kindes Dankbarkeit, gebührt nicht der Mutter, gehört allein dem Gotte
Demut sei nicht dem Leben gewidmet, auch nicht dem Tode, ist nur Gottes

Hingabe ist des Menschen Gut, doch bewahrt sie bloß Wert, hingegeben ihm
So sind Vater, Mutter und das Kind, alleine verpflichtet, nur dem Einen



Der Unklarheit erwächst ein Rattenschwanz, auf den man selber tritt
Unklarheit hat eben ihre klare Konsequenz, wie alles im Haus der Dualität

Ursache und Wirkung ist hier Gesetz, Unklarheit bewirkt eben Unklarheiten
Im trüber werdenden Wasser, bleibt übrig eben nur das Fischen im Trüben

Gewiss letztlich ist jeder Schwanz auf den man tritt, eine Tür zur Erkenntnis
Durchschreiten wir jene, finden wir uns wieder im Raume der Klarwerdung

Das Heute, der heutig Tag, ist einzig Tag der mir gehört
Nur das Heute bleibt, wenn ich subtrahier, das Gestern, das Morgen

Gegenwärtig bist nur du, heutig Gegenwart, gerade da, schon morgen fort
Will dich ehren, mit meiner Präsenz, will Ehre zeigen, mit meinem Dasein

Uns beide gibt es nur im Heute, wir existieren nur im zentral Augenblick
So glänzen wir in Abwesenheit, verdunkelt gesamt, unser real Universum



Dankbarkeit, Demut, Glückseligkeit, so die Liebe, sind eineiig Vierlinge
Vereint geboren, sterben sie auch gemeinsam in des Menschen Seele

Ist nur eines dieser Kinder Gottes in den ewig Schlaf gefallen
Sind auch ihre Geschwister gerad noch vermeintlich am Leben

Der Mensch spürt einerseits, ihre allesamt Lebendigkeit, lebt darinnen
Oder nimmt andererseits wahr, deren aus der Vernunft geboren Todgeburt

Ein einzig Gedanke, schlägt ohne groß Mühe, das So Sein in die Flucht
Nur unscheinbar Handlung, mag dem So Sein, ein eilig Nachruf verleihen

Jedes Ziel, jeder Plan, verleitet den Mensch hinfort vom Daheim des Seins
Zuhause ist nämlich jene Kostbarkeit, einzig und alleine im Hier und Jetzt

Jedes Wollen, jedes Müssen, ergibt Spagat, in dessen Spalt der Seiende fällt
So sei bedacht, im Sein darf alles wohnen, doch darinnen muss nichts sein


Eine leere Hülle wird nicht voller, in dem ihr Außen bunt bepinselt wird
Schön mag es von außen anzuschauen sein, doch das Leere wird nicht mehr

Ein wassergefüllt Behälter enthält stets nur Wasser, mag es auch gefärbt sein
Ob rot oder golden, es wird durch Farbe nie zu Blut, wird nie zu Wein

Leerer Wolfspelz birgt keine Lebendigkeit, ist er auch kunstvoll ausgestopft
Darinnen wohnt längst nicht mehr, weder Wolf noch Geißlein

Ebenso, eine inhaltlos Geschichte, gewinnt mit keinem Wort mehr Inhalt
Mag sie auch tausend Seiten eines Buches füllen

Doch Wahrheit ist auf Erden zweipolig, es gibt die andere Seite der Münze
Denn die Liebe weiß, das ein leer Gefäß gleichsam beseelt mit der Fülle ist

Du bist bei mir, bist in mir, bist um mich herum
Egal wohin mein Auge blicken mag, deine Abwesenheit ist nicht zu finden

Wohin meine Gedanken mich führen, am Ende jed These wartest du bereits
So mit welch Faktum ich berechne, ich Gleichung ersinne, du bist Summe

Ich bin getroffen von dir, zutiefst in meinem Sein, touche mein Freund
Auch wenn ich blind wäre, sehen würde ich dich wohl im Überall



Wie die Sonnenblume unbedingt dem Lauf der Sonne folge leistet
Ist sogleich mein ganzes Sein, stets ausgerichtet auf dich alleine

Das Haupt der Sonnenblume verneigt sich vor dem Sonnenkreis alltäglich
Auch mein Herz ist stet bei dir im heilig Eide, deinem lieb Gesetzte folgend

So Girasol ihrer Bestimmung gehorcht, bin auch ich nur ergeben Diener
Wenn auch ich dank deiner geschenkt Freiheit, stets anders handeln könnte

Der Mensch macht gerne Pläne, vor Gott bersten sie wie Seifenblasen
Ebenso liebt Mensch Verträge, doch diese hängen am zart seidenen Faden

Mensch erdenkt sich die Zukunft, in Gottes Atem ist sie wie Blatt im Winde
Der Mensch hat Wünsche und Ängste, dazwischen wartet die Liebe Gottes

Mensch erfleht Kontrolle über sein Leben, Gott lächelt, schenkt Ohnmacht
Gott liebt wohl alles, doch ganz und gar nicht, die starre Unnachgiebigkeit


Wer verdorrten Samen pflanzt, ist sicherlich nicht recht bei Trost
Muss er sich gar über vertrocknet Acker wundern, ist wohl mehr im Argen

Doch wer sich noch beschwert beim Gotte, das misslich Ernte ihm beschert
Ist gar der Wahnhaftigkeit anheim gefallen, will partout dem Realen trotzen

Denn ist der Geist ganz angekommen in seinem Körper, gelandet auf Erden
Billigt er die Gesetzte des Planeten, nimmt an lieb polare Zweifaltigkeit

So kennt er Leitsatz von Ursache und Wirkung, weiß wie die Dinge enden
Ein gutes Korn trägt gute Frucht, ein trocken Korn findet Vogelmagen kaum

So leicht beschwingt, wie das Vogelküken flügge wird
So leicht möcht ich durchs Leben fliegen, aufwachsen und gedeihen

In Glückseligkeit und dankbar Annahme, möcht ich anwesend sein
Wenn meine Flügel durch Bewusstsein wachsen

Möchte kindsorgenlos, den Wind erhören, der durch mein Gefieder streicht
Den Moment nicht verpassend, wenn göttlich Aufwind mich davon trägt


Der Lebenszug zu mir, fährt Schlangenlinear, zweigleisig ohne Frage
Mit linkem Rad, auf linkem Gleise, fahr ich als Mensch auf Mutters Erde

Mit rechten Rad, auf rechtem Gleis, fahr ich mit göttlich Sein, tief Wissen
Die Richtung ist klar, ist allzeit definiert, ist zu mir, ist zu dir, ist zu mir

Beid Räder will ich mit gleich Kraft, gleich Tempo, gleich Liebe bewegen
Sonst verzögert Ankunft sich bei mir im Nu, verpass ich just den Anschluss

Obacht, wenn die Weiche falsch gestellt, Gleise zwei gegabelt Wege gehen
Fleisch gen Ost, Geist nach Westen reist, bleib ich zwischen auf der Strecke

Wenn der Mensch sich groß macht, größer als er wahrhaft ist

Wenn er seine Gedanken großwahn weitet, Gedanken aufbläht ins Uferlos

Was hat da im angefüllt Raum noch Obdach, sein wahres Selbst wohl nicht

So schaut dieses wahre Selbst, auf den klein Mensch, welch er geworden ist

Sieht es nur schmal Menschen im Fernen, mit zudem schmaleren Gedanken

Sieht, Sprachbläschen der Illusion, kaum wahrgenommen im luftleer Raume

So ist wohl die Moral, von dieser gerad erzählt Menschheitsgeschicht

Ein klein gedacht Menschlein, passt all zu leicht in sein wahres Ich

Doch Zelle des inhaftiert Erdlinges, kann seine göttlich Größe kaum fassen


Ich höre Wahrheit in meinen Ohren singen, Klang verzückt mein Herz

Kund tut sich Wahres über meine Lippen und jedes Wort gibt mir die Ehre

Gewiss, ich bin von ihr entzückt, doch besitzen tue ich die Wahrheit nicht

Ich vernehme sie, ich gebe sie weiter, doch besessen habe ich sie nie

Ich nehme sie an, spiegle sie in die Welt, doch Spiegel haben keine Wahrheit

Nein, das Wahre gehört mir nicht, und es hat in mir kein stet Zuhause

Der Mensch beringt schon jeher Falken, Tauben und das Reh im Walde

In Ketten legt er Hofhund, führt am Bande das Pferd, brandmarkt das Vieh

Sein Eigen nennt er Tiere seit Urzeit an, er domestiziert, wer will es leugnen

Nun, das es sich mit seines gleichen ebenso verhält, trifft auf taube Ohren

Ein Mann gibt Ring einer Frau, nennt sie sein Besitz, Liebe ist es gar selten

Golden Kette legt er ihr um den Hals, fixierend, Besitzanspruch ist gegolten

Mensch steckt Mensch in golden Käfig, mit der Gravur, ich liebe dich

Ich mache alles nur für dich, sagt der Mensch gern dazu, wenn er züchtigt

Wie lange nur, mag ein treu Angeketteter, stumm Geisel des Wortes bleiben



Oh du meine lieb höchst Instanz, ich gab dir ach so viele Namen

Ich nenn dich Liebe, nenn dich Gott, nenn dich meine innere Mitte

Manchmal bist du Raum, heilig in mir wohnend, das Herz, die Seele

Bist die Zeit, das Hier und Jetzt, ewige Stimme, die in mir das sagen hat

Dir alleine möcht ich Treue schwören, möchte dir die wahre Ehre erweisen

Denn deine Weisheit ist die Meine, hier bei dir, weiß ich längst was ich will

Oh wie vollkommen ist doch diese irdisch Welt
Alles hat seinen Platz, sein Gegenüber, hat sein passend Gegenstück

Nichts bleibt wirklich alleine, nichts bleibt auf der Strecke ohne Sinn
Auf dieser Weltenbühne, darf der Mensch alles sein, sogar das Unmögliche

Liebe hat den Hass als Mitspieler erfunden, der offen ihre Größe zeigt
Tyrann hat seinen Sklaven, so man sich frei als Opfer und Täter fühlen kann

Das Dominante findet das Unterwürfige und beiden sei spielwiesig gedient
Der Reichtum lebt in Armut, um Gegenüber und sich selbst zu verstehen

Mann hat Frau und umgekehrt, zwei Herzen zu hören, in Brust pulsierend
So Eltern haben Kinder, nicht um zu besitzen, eher um sich selbst zu sehen

Oh wie vollkommen ist doch diese irdisch Welt
Als Antwort übrig auf dies groß Geschenk, bleibt wohl nur die Dankbarkeit

Der Mensch neigt all zu gern dazu, äußere Schlachten zu wiederholen

Wiederkäut das selbe kindlich Szenarium, bis zur wahnhaft Übelkeit

Ist eine Schlacht im Außen verloren, ist erneut prophezeit Versagen bezeugt

Das nächste Kriegsbeil ist rasch ausgegraben, Feindes Bild eilends gemalt

Der Kampf in der Außenwelt ist Unendlich, findet keine Ruh

Bis der nahe Krieg im Inneren des Menschen, endlich seinen Frieden findet


Ich bin Mensch, ich mache Fehler, wer will es leugnen

Doch beobachte ich stets mein Tun mit Liebe und gewiss ich korrigiere

Ich bessere nicht im geringsten, um es anderen recht zu tun, um zu gefallen

Nein, ich mache Korrektur allein, nur um mir selbst Frieden zu spenden

So verändere ich nicht stets mein äußeres Handeln, rechtfertige, zeige Reue

Doch innerlich nehm ich die Sicht der Liebe an, verzeihe mir und anderen

Denn in Liebe mit mir zu sein, ist der Erste, ist der große Schritt

Der zweite Schritt, je nach dem, folgt danach von ganz alleine

Ach welch Paradies wäre hier auf Erden

Wenn die Menschheit durch das Tor der Großzügigkeit stolzieren würde

Welch paradiesisch Zustand wäre hier zu entdecken

Würde der einzel Mensch mit sich den heilig Frieden schließen

Welch Garten Eden käme zum Vorscheine unter düster Gedanken

Wenn gebraten Hühner gerecht geteilt, Flug in aller Munde finden könnten

Welch himmlisch Wohnung würde wohl ein jeder sein eigen nennen können

Wenn die Weite von Wald und Wiesen jedem zum eigen Nutzen geschenkt

So stellt sich offen Frage, warum nur, macht der Mensch die Erde zur Hölle

Warum nur, gestaltet der Mensch das leichte Leben ach so schwer

Ohne Antwort bin ich doch großzügig, ich lasse die Menschheit wie sie ist

Und schenke mir obendrein die Erde als lebendig Paradies

Ach wie schön sie anzuschauen ist, die Seifenblase der Konjunktur

So wichtig schimmert sie in allen Farben, es ist der Regenbogen der Illusion

Geld auf toten Konten hin und her spekuliert, Handelsmarkt satt mit Nichts

Aufschwung, Wachstum, mehr um jeden Preis, will das sie bläht und bläht

Je größer genährt, zarter ihre Haut, dem platzen nah schillert sie noch mehr

So wenn sie voller Pracht dann berstet, bleibt übrig nur das gehandelt Nichts


Eine Kuh verkauft ihre Milch, einen Taler, klein Geld ist was sie erhält

Jedoch oh Wunder, Milch auf dem Markt zurück gekauft, Verarmung ruft

Mag man's glauben, von Zauberhand dupliziert, sie kostet doppelter Taler

Im Nu ihr unbegreiflich, ist ihre Milch die Billige zur arg Teuren geworden

Die Kuh versteht das Wirtschaftswunder nicht, doch ich ließ mir sagen

Anderer Kühe Milch weggeworfen, wächst Preis wie von selbst, ist Kalkül

Der Kuh wird schwindelig als ich ihr erzähl, vom real Gut und Spekulation

Ist es gar Magie, so Börsianer einen Liter haben, doch mit hundert handeln

Aus Engels Perspektive, von oben auf Mutter Erde drauf geschaut

Erscheint der Mensch des Linearen, als eindimensionale Wesenheit gerad

Jener, der sich wohl schon im Quadrat bewegt, gewinnt Dimension hinzu

So mutiert er zur Wesenheit der Zweidimensionalität, die Freiheit ruft Hurra

Engels Beifall ertönt, wenn Mensch aufrecht geht, drei Dimensionen erlebt

Sich nicht nur von A nach B bewegt, er Frage stellt, wohin er will und geht


Das halbe Leben besteht aus exakt Portion Missverständnissen

Die andere Hälfte, aus unhaltbaren Feststellungen des Selbstschutzes

Logisch, das Selbstsuchende sich dazwischen in Einsamkeit wiederfinden

Denn die Welt ist angefüllt mit sinnlos Datenübermaß, der Mensch ebenso

Wo ist nur der Raum für denjenigen, den Liebevollen, der Füllung nicht will

In Gesellschaftsmitte wohl kaum, hier belegt Maskerade bereits alle Plätze

Ohnehin, kann wahr Wort alleine, sich inmitten Wänden voller Lügen halten

Kann ein lieb Mensch, mitten all des Scheins auf Messer's Schneide gehen

Mein Körper, der meine Seele schützend umhüllt

Er will der Welt gehören, er will berühren, will berührt sein

Mein Körper, der meine Seele auf Erden hält

Er will sinnlich sein, da wo Seele nur applaudierend Zuschauerin ist

Irdisch Welt ist Paradies der Sinne, Heimat der Sinnlichkeit

Mein Körper, Tempel meiner lieb Seel, möchte hier ganz Wohnung nehmen



Mein Name ist mitnichten Ikarus, das möchte ich betonen

Doch fliege ich der Sonne zum verwechseln nahe

Fliege direkt auf sie zu, bis meine inner Hitze mit groß Glut fusionieren mag

Mein Flug kennt nur eine Bahn, kennt nur ein Ziel, unser beider Mitte

Die Nähe zur Sonne, ist gleich der Nähe zu mir

In unserer Intimität, löst sich Gespenst genannt Distanz, in Wohlgefallen auf

Ein Narr macht bekannter Weis, früh die Pferde scheu

Und Jene zertreten nicht selten zartes Gewächs

So halt die emotionalen Gäule still du kleiner Tor

Sofern du dich auf der Wiese der Liebe niederlegen willst

Denn Stille lockt ihn heraus den Liebes Zauber

Aufgescheuchtes sieht der Liebe eher hinterher



Man tut täglich wohl ungesund Dinge, die geliebt Lebenszeit verringern

Doch verlängert man Selbe auch mit viel Gesundem das man sekündlich tut

So möcht man meinen, Pi mal Daumen, Todestag in Mitte sei eil berechnet

Doch Sterben tut der Mensch doch ungewiss, Irgendwann und Irgendwo

Gesunde oft in der Frühe, Kränkliche im hohen Alter, in Gosse, in Ruhm

Wer mag Hände im Spiel haben, zumal Mensch wäscht Hände in Unschuld

Entscheidung ist gar ein sehr subtiles Spiel, auf spiegelglatter Fläche
Ist ganz und gar nicht Schwarz, noch Weiß, ist eher Grautönig zumeist

Ist buntfarben, hat man doch unendlich Spektrum innerer Abwägung parat
Kann angeraten Entscheidung treffen, oder stimmen gar ganz gegen Sinn

Häufig genommen Version, das Tun, das Schadenbegrenzend wirken mag
Gerne auch, entscheidet man sich für's Profitable, ohne Verlust versteht sich

So gibt es Wahrheitsvariante, eigner Wahrheit folgend, egal wie Weh es tut
Oder ihr Gegenstück, ein wenig lügen, oder ganz, man sagt es ist für alle gut

Temporär Urteil ist möglich für Jetzt, Wahrheit ist nicht in Stein gemeißelt
Der Entschluss für alle Ewigkeit gern genutzt, doch oft mit bös Erwachen

So kann man bekanntweise sich frei entscheiden, um Anderen zu gefallen
Oder Entscheidung treffen, die dem Mensch selbst zum besten Nutzen wird

Eines sei noch erwähnt, nicht ohne vor der Nachahmung gewarnt zu haben
Man kann Entscheidung nehmen für das Sinnvolle, ob es weh tut, oder nicht
Auch bewusst Unsinniges wählen, obschon es schmerzt, gar Schaden bringt

Ich will es nicht verhehlen, letzte Spielart ist selten mit Willen ausgewählt
Sie tut weh, doch bewusst entschlossen öffnet sie Tor zu Himmel und Hölle

Niemand, wahrhaftig nicht Einer, hat mir zu sagen was ich muss

Kein Mensch kann befehlen was ich darf, verbieten mein Tun und Handeln

Niemand, nicht einmal Gott zuletzt, hat Gewalt über mein frei Entscheiden

Ich diene Gott weil ich will, nicht weil er befiehlt, allein weil ich frei bin



Mich hat oh Wunder, die sprichwörtlich Nadel im Heuhaufen gefunden

Gesucht habe ich Sie gar wohl, sicherlich, das Finden war mir nie zugedacht

Nun als Sie mich fand, macht alles Sinn, konnte winzig Ziel nie verfehlen

Das suchen meines Selbst hat in sich Natur, das Nadel mich stechen musste

Mich gefunden, löst sich Trugbild Trennung auf, das Ich, die Nadel, einerlei

Stroh ging in Liebe flammend auf, erloschen sah ich, wir waren immer eins

Der Mensch glaubt all zu gerne, ist sicherer wohl, als nichts zu wissen

Er glaubt etwa an die Natur der Trennung, an Natur von Besitz und Verlust

Glaubt dann auch folgerichtig, freilich an den Trennungsschmerz per se

Er glaubt solange an geglaubtes Faktum, das Geglaubtes ihm Realität wird

Getrennt erduldet er sich selbst, getrennt erduldet er seinen Schmerz

Er lebt in seiner fix geworden Realität, bis er sich etwas Besseren erinnert


Mein Schweigen war und ist niemals bloß Zustimmung

Auch wenn man gerne sagt, wer schweigt, stimmt Gesagtem stumm hinzu

Nein, mein Schweigen ist nur einfach Schweigen, sagt weder Ja noch Nein

Und wenn Andere meine Wahrheit nicht ahnen, glauben das ich zustimme

Soll ich etwa stets laut Negieren, um denkbar still Zustimmung zu verneinen

Oder darf ich auch schweigsam mit eigenem Ungesagten in Frieden sein

Gewiss muss man Maske tragen, um in dieser Welt den Tag zu bestehen

Um Ziel zu erreichen, um Leid zu meiden, ist dieser Preis zu verstehen

Doch oft hat man im Außen nichts zu erwarten, gewinnt nichts, so oder so

Ob ich die Maske trage oder nicht, ist eben in diesem Fall ganz einerlei

So kann ich Maske anziehen wann ich will, oder das Darunter offen zeigen

Kann Maskerade die legitim ansonsten dient, ablegen wie es mir beliebt


Ich lasse sie davon fliegen irdisch Hülle, sende fort mein Menschentum

Verabschiede eng Persönlichkeit, schicke sie hinweg mit groß Flügelschlag

Zurück bleib ich, kein Wollen, kein Haben, kein Müssen, übrig nur das Sein

Nichts haftet an, ist mir schwer, gar leicht, Mensch ist fort, der Gott er bleibt

Kein Leiden, kein Klagen, kein unnütz Verdruss, das mir das Wesen trübt

Ich bin frei, bin frei vom Groben, mein Geist kann fliegen

So erwacht in mir verständlich Frage, brauch ich eigentlich noch das Atmen

Wenn es im Außen stürmt, finde ich in meinem Innern die Ruhe
Wenn jedoch der Orkan sich in mir und im Außen zeigt, bleibt nur die Mitte

So wenn das Überall im ganz Ausmaß tobt, gibt es kein regulär entkommen
Nur wenn ich das Überall überwind', entdecke ich den gelobt friedlich Ort

Der heile Weg führt stets zu mir, doch das Intimste finde ich nur im Zentrum
Hier her zwingt mich die Turbulenz Gottes, um ihn selbst nahe anzutreffen


Es sind zu gleichen Teilen, die Himmel und die Höllenfeuer die brennen
Seelenfieber die uns aus erden Kupfer, zu golden höher Wesen schmieden

Uns verbrennen, zum glühen bringen, uns mit all irdisch Element legieren
Im Siedetiegel der Seele werden wir durch Feuer gereinigt vom Drumherum

Es ist die Hitze der hell und dunkel Gefühle, die uns im Dasein verwandelt
Die Hitze, die uns zur heilig Legierung zwischen Mensch und Gott bindet

Ich lebe in deiner heilig Hütte für immer und ewiglich, sagst du

Lebe, existiere im Haus Gottes

Ich habe Wohnung genommen hier auf Erden, mit gültig Recht

Es ist mein Haus, dein Haus, unser Haus, ist Erde die allen gehört, sagst du

So frag ich mich, warum möcht mein Erdenbruder das ich Mietgeld zolle

Das ich Leistung bringe, ich bezahle, für all die Welt, die du mir schenktest

So frag ich den Mitmensch, Mitbewohner, sind wir nicht Erbengemeinschaft

Haben wir nicht Gotteshaus, Gütergemeinschaft, ein Erbe zu gleichen Teilen

Doch stoss ich auf taube Ohren, wir sind von zweierlei Geschlecht heißt es

Mein irdisch Mitbewohner nennt sich Besitzer, nennt mich den Bittsteller

Ich gelobe ihm, du Gott hast mir souffliert, was dir gehört, gehört auch mir

Doch Vater, deine anderen Kinder lassen partout dies Erbrecht nicht gelten

So verkünde ich arm und reich zugleich, ich kündige die Erbengemeinschaft

Rufe hinaus, Menschheit zahle mir aus, mein Erbteil von Geburt an Recht

Ich bin längst zu klug, um Dinge zu glauben, die ich nicht weiß

Warum sollte ich eine Realität in mir festigen, die einer Fiktion erwuchs

So glaube ich nach Abwägung zwar der präzis Wahrscheinlichkeitsrechnung

Mit viel Fakten zur Kalkulation, ist jener auch gewiss glauben zu schenken

Doch ist das Ergebnis meiner legitim Berechnung noch so wahrscheinlich

Bleibt sie Wahrscheinlichkeit, bleibt sie Glaube, gebiert nicht zur Realität

So halt ich den Mund, und lasse das reale Leben für sich selbst sprechen

Versteinere nicht die Bilder meiner Furcht und Sehnsucht zur Erblindung


Ist dort wo der Mensch keine Wahl hat, die leichteste Wahl Zuhause

Ist denn das Wählen überhaupt relevant, oder nur wichtig das man es kann

Ein Hoffnungsloser kann ohne Hoffnung sorgenvoll vorwärts gehen

Hoffnung verlieren kann er nicht mehr, doch Hoffnung gewinnen allemal

Entscheidet sich ein trockener Alkoholiker denn leichter für die Trockenheit

Wählt er sorgloser seine Abstinenz, wenn sie das letzte ist was er besitzt

Mag sich die Wahlfreiheit auch final reduzieren, auf keine Wahl zu haben

So bleibt auf magisch Weise die Freiheit die Absolute, irgendwie stets übrig

Sind wir nicht alle gefangen in der Voliere der dualen Phänomene
Rund um Blick, Essen und Trinken frei, mancher häuft auch Vermögen an

Es wird gekratzt, gebissen, Federn gelassen, buntes Miteinander Zeitvertreib
Doch ein Faktum macht alle gleich, das Türchen bleibt für alle geschlossen

Unsere Körper sind gefangen in Raum und Zeit, großzügig Zaun umgibt uns
Doch im Wahrgenommenen bleibt magisch Handeln, befreien tut ein Amen

Ist die Realität der Phänomene erkannt, vergessen, das Hauptsache gesund
So ist Seele wichtiger als Körper, sind wir rasch eins mit unserem Schöpfer


Die Sekunden nagen an meinem inner Frieden
Die Minuten trüben ein, im konstanten Takte meine klare Sicht

Eine einsam Stunde frisst sich tief in meine Seele
So das es einem ganzen Tag den Himmel nimmt

Die Zeit ist eine Bestie in diesem Falle, die mich innerlich zerreißt in Stücke
Mit ihrem Stachel Gift der Ungeduld impft, wenn ich nicht in Liebe bin

Zeit ist Sekunde, ist Ewigkeit, in Abwesenheit der Liebe, zur Hölle gedeiht
Ist heute Gehilfin vom Trauma der Kindheit, der Angst verlassen zu werden

Alle Menschen trinken aus dem selben irdisch Trog

Doch Hass und Lieblosigkeit vergiften den gemeinsam Brunnen

Bitter wird das einst süße Wasser, trüb von steter Osmose des Finsteren

Die Quelle bleibt unberührt, doch wer trinkt schon direkt aus der Quell'

Heilige und Engel haben es leicht, ihnen fließt Liebe durch Ader und Vene

Doch was tut Volk dessen Heiligkeit verdunkelt, wird jenes roh verdursten



Wer gibt schon einem Bettler mit klar-gesund Blicken die Gabes Münze

Wer überlässt schon einem gutgekleidet Bittsteller ein not Hungergeld

Wer will schenken dem einen weiteren Taler, der scheinbar bereits besitzt

Wer hilft gern dem Unsympathischen, der noch böse dreinzuschauen weiß

Muss denn Leid so roh erscheinen, das von der Höhe etwas in die Tiefe fällt

Muss das Wohlstandsgefälle peinessteil sein, das Mensch bereit ist zu geben

Jede Suche nach dem Glück

Jeder Schritt gehend zu einem Ziele

All die Leistung die erbaut, erfindet

All das Schaffen das Vermögen mehrt

Jeder Handgriff, jeder Atemzug

Jed Herzschlag, jed Blut das durch der Wesen Venen fließt

Jed Stück Brot das gegessen, das verdaut, Mutter Erde düngt und nährt

All das Hungern, köstlich Speisen, all der Durst, sein Löschen immerzu

Jed Verzweiflung die wir meistern

Jed Krise aus die wir groß erwachsen

Jed Baum den wir pflanzen

So jeder auch gleichwohl den wir fällen

Kinder die wir gebären

Soldaten die wir zu Grabe tragen

Jeglich greifen nach den Sternen

So das Reisen auf den Mond

All das Wünschen, all das Wollen

Geschieht alles nur als Weg zurück zu dir

Oh welch emotionale Verstopfung ist gerad im Gange

Verdaut ist es längst, doch raus möcht es dennoch nicht

Will es wohl nicht loslassen, möcht behalten, was mir Sicherheit erhält

So verstopft es mein Gemüt und Missmut steigt mir auf wie arges Faulgas

Bewusst wird mir urplötzlich, es ist die künftig Leere die mir Ängste macht

Wenn ich Verdautes auf die Reise bring, dann bleibt gewiss Freiraum zurück

Was dann den geschenkt Raum besuchen mag, ist eben nicht zu wissen

Alte Gäste sind überschaubar, mögen sie auch aufstossen, man kennt sie gut


Das Leid der Menschen ist Innerlich gewaltiger als Äußerlich sichtbar

Gewiss ist Elend auf Erden, doch Menschheit verwahrt in sich noch mehr

Wehe, wenn das wahr inner Leid des Menschen sich nach außen kehrt

Wehe, wenn die Welt Gesicht bekommt, vom inner Zustand der Erdenkinder

Wehe der Menschheit, wenn die Menschheit ihre innewohnend Qual entläßt

Der Himmel mag erbeben, wenn Menschgeschlecht sein echt Herzweh zeigt

Anhaftung ist ein irdisch zweischneidig Schwert

Ist man ohne Sie, hat man zwar Ruh gewiss, doch Menschen bleiben fern

Mensch hat Angst den Mitmensch zu verlieren, kaum hat er angehaftet

Neutralität des Weisen ist eilig kontaminiert, hat er die Materie erst berührt

Doch Priester muss Schützling in seine Göttlichkeit hinein sterben lassen

Er muss dem Mitmensch das Gehen ebnen, denn sein Weg ist zu Gott hinein

So hat der Lehrer Anhaftung zu entteufeln, zu wissen das sie menschlich ist

Hat Mitmensch zu führen zu Gott hin, auch wenn er den Tod finden mag

Anhaftung hin Anhaftung her, der Hirte entscheidet nicht für sein Schäflein

Bleibt aber menschlich Anhaftung treu, die im besten Falle in Liebe mündet


Ich hatte mich tödlich mit sakralem Virus infiziert

Des Menschen gesunder Infektion, die ihn zur fiebrig Gottsuche inspiriert

Erkrankt, gelitten, gestorben, ward das neue Ich geboren

So fand ich im Menschenkleide Ruhestätte, nebst Gott auf dem Throne

Das Unbekannte ruft still und laut, ruft unentwegt

Es lockt der Horizont zur Übertretung

Die Unendlichkeit ist dem Reisenden das wahre Zuhause

Begrenzung ist nur der eigen Verstand

Die Seel ist frei, wohnt in der großen Leere

Möcht' fliegen mit leisem Flügelschlag, jed neuen Morgen in die Ferne


Wer bittet schon den Lemming, das er Wassergang überdenken möcht

Wer zieht schon an einem Grashalm, das er schneller wachsen könnt

Wer beschwört die Nacht zu bleiben, wenn der Tag sich angekündigt hat

Wer fleht den Stein an auszuweichen, das er nicht zur Stolperfalle wird

Wer läuft mit Schnecke um die Wette, befürchtend das sie davonfliegen mag

Wer stellt sich schon der Erde in den Weg, auf ihren Weg um die Sonne

Nun ja, niemand tut wohl Dinge die Unmöglichkeit offenbaren

So Mensch lasse auch du die Kinder ziehen, ihrem eigen Pfade folgend

Ich schaue zurück, auf die kleine Welt aus Fragen und Antworten

Sehe wie Wisserei täglich ihr Gebäud erstellt, Gefüge der Sicherheit erbaut

Doch hier im fraglos Jetzt, scheint mir diese Denkwelt ach so weit entfernt

Gerad in Anwesenheit der Liebe, scheint mir jed Frage, jed Antwort absurd

Im wahr Moment, im puren Sein, macht kein Fragen, kein Antworten Sinn

Dies ist der Ort, an dem die Such nach Antwort niemals Wohnung fand



Ach wäre doch alles gar weich, wie sein Schattenspiel an der Wand

Ach wäre das Leben doch so spielerisch, wie die Schatten welch es wirft

Muss denn der Körper, das Ding an sich, solch harte Kanten zeigen

Das man sich unentwegt daran reiben mag, sogar sich verletzt nicht selten

Wäre es nicht viel leichter, wenn die Ränder des Seins Porösität aufweisen

Muss denn Grenzland des Menschen, stets so feindselig gesichert sein

Wie oft reue ich mich doch, für meine überheblich Arroganz

Denk, ich bin im sogenannt gutem Recht, nimm Platz der nicht der meine ist

Nehme Haltung an, des thronend Königs, gültig Platzkarte besitz ich nicht

Mach mich breiter wie ich bin, wundere mich über folgende Beschwerde

So sitze ich blind geworden, in meinem eigen Glashäuschen der Ignoranz

Bis der Stein den ich selbst geworfen, mein gläsern Gedankgebäud zerbricht

Sodann sehe ich wieder klar und mein Stolz zerfällt in Glassplitter fein

Trotz Scham darf ich lächeln über mein menschlich Aufgeplustert sein

Der Pfau in mir setzt sich sogleich zur ruh, Demut steht aufrecht parat


Wenn der Engel fällt auf Erden

Wie groß Falltiefe ist ihm zu eigen

So schlägt er ein mit großer Wucht ins Erdenreich

Wird selbst zur Erde, wird Körper, findet unruh Zuhause in irdisch Hülle

Lebensspann der Zeit dauert an die Eingewöhnung

Angekommen ganz Mensch geworden, erlebt er die ewig Sekund

Die Liebe selbst kann der Mensch nicht verweigern

Doch gewiss, verweigern kann er sie zu leben

Die Freiheit an sich, mag er wohl auch nicht korrumpieren

So bleibt er doch selbst stets frei, seine Gefangenschaft zu wählen

Gott ist von den Machenschaften der Menschheit gänzlich unberührt

Jedoch Gottesleugnung rührt hingegen, den Menschen tief im Inneren

Die Erde war stets eine Kugel, ob es die Menschen glaubten oder nicht

Indes der Glaube der Nationen, ändert sich flattrig wie die Fahne im Wind

Ein Mensch mag erleuchten, oder finster seine Kreise ziehen

Er bleibt jedoch stets ein spirituell Wesen, mit menschlich Erfahrung

Und nicht etwa wie oft angenommen, Mensch dem Spirituelles widerfährt


Ich gehe unbeirrt meinen ureigen Weg

Triumphzug ins heilig Territorium

Erhoben Hauptes trete ich ein ins gelobte Land

Israel, Israel, ruft es in meinem Inneren und ich sehe die erleuchtet Stätte

Gottes Tore öffnen sich und ich kehre Heim ins wahre Zuhause

Mein menschlich Pfad führte mich oh Wunder, in himmlische Gefilde

Ein Philosoph sitzt im Theater, hört weise Worte auf Bühne gesprochen
Hört Text, kein Schmerz geht verloren, das Edle wird vom Leiden geboren

Dies resoniert im Wahrheitssuchenden prompt, findet Echo seinesgleichen
Resonanz ruft ihn auf eigne Kulisse zurück, Dunkles gebiert die Helligkeit

Sein Widerhall spricht, durch die Hölle führt der Weg ins Himmelreich
Die tiefen Täler der Krisen, münden direkt in die Gebirge des Wachstums

Nichts geschieht umsonst, nicht ein Versagen kann Mensch sich gar sparen
Alles hat eigen Bewandtnis, hat ein Ziel, alles findet gar alleine seinen Sinn


Kann denn Männlichkeit angezogen werden, wie billig Kleidungsstück
Kann Weiblichkeit denn errungen, durch geschminkt äußerlich Maskerade

Ist jemals einem Kinde gelungen, vorzeitig Erwachsenheit zu erlangen
Kann ein klein despot-ängstlich Gemüt, denn wahre Autorität inne haben

Nein, die Dinge sind wie sie sind, nur Wandel und Reifung gewinnt Früchte
Und letzt, was nicht reift, gedeiht und wächst, verdorrt vom Leben ungestillt

Wie darf man sie nun verstehen, Posse, sogenannt Selbstbestimmung

Darf der Mensch nun den Freitod wahr wählen, wie und wann er will

Wer entscheidet das er in Psyche krank ist, so nicht mehr entscheiden darf

Gehört der Mensch sich selbst, oder vielleicht gar der Kirche, dem Staate

Lebt der freie Mensch denkbar in Sklaverei von Politik und Religionen

Ist nur frei in Geist und Theorie, längst nicht mehr im Praktischen

Darf er gar sich selbst verteidigen, oder ist ihm nur die Wehrpflicht eigen

Wenn ja, warum findet er sich jäh mit Träne auf dem Schlachtfelde wieder


Es ist mir einerlei das ruhelos Weltengetümmel

Ich werd geboren neu von Sekund zu Sekund

Ohne Einhalt, ungehindert vom mörderisch Spektakel, streb ich zu Höherem

Kein Dunkles, kann den Glanz auf seinem Rückweg zur Lichtquell bremsen

Ganzheit ruft nach Erinnerung, will gesehen sein, vom bewussten Menschen

So geh ich voran, den gottgestreut Brotkrumen folgend, heim zum Ganzen

Ganz Mensch zu sein

Sich hinzugeben gänzlich dem irdisch Leben

Mutet an, dem Seiltanz ohne Netz in großer Höh'
So dem Fallen, dem Fehltritt, folgt nicht Versagen, es folgt getragen sein

Es ist tief Berührung mit dem Urgrunde, die Mensch in Verwandlung bringt
Das er fühlen mag, das er nimmer falsch sein kann, nur getragen und richtig


Wo ist nur die friedlich Mitte zwischen Nähe und Distanz
Wo bin Ich inmitten, fragt der Mensch in den Himmel hinauf

Von hier Oben zum Sterblichen hinab, tönt es mit lieblich Stimme
Nur im Hier und Jetzt ist dein Zentrum aufzufinden

Immer wieder auf's Neue, in jedem Augenblick, wird die Wahrheit geboren
Wahrheit flüchtig, die deine eigne Position dem Ding gegenüber bestimmt

Nur in jedem einzel Momente für sich alleine, kannst du es wissen
Welch Nähe, welch Distanz, dir angemessen zu Gute kommt

Ich ziehe es an, das weiße heilig Kleidchen, zurechtgelegt von dir

Schneeweiß dem Brautkleid gleich, trag ich es stolz zum Tanze

Ich falle in deine Arme, angezogen durch Verwandtschaft, durch Gravitation

Schritt für Schritt geh ich hin zu dir, meine Beine gehen von ganz alleine

Dein Hochzeitsreigen bewegt mich, zieht mich, führt mich zu dir hin

So ich einkehre in dein Refugium, sehe, es ist bereits für mich geschmückt


Bisweilen fällt der Apfel nieder, weit weg vom Stamme

Ist als ob Kuckuck sein Ei hinterließ, ein Küken schlüpft ganz Herrenlos

Engel singen, es ist gar nötig, das manch Mensch in der Fremde erwächst

Dort erlernt er das all-eine sein mit sich, Einsamkeit als Lehrerschaft

Gewiss, Gewiss, der Apfel möcht' zuzeiten, weit weg vom Stamme fallen

So wird nicht selten in aller Stille, ein Prophet geboren

Wenn man dreimal anschlägt Eingangsglocke, läutet zart, gar vehement
Egal wie oft man Jenes tut, es geht die Tür nicht einmal schneller auf

Alles braucht und hat seine eigen Zeit, der Mensch kann sie nicht eilen
Alles geschieht in eigen Geschwindigkeit, der Mensch hält die Zügel nicht

Er kann nicht drücken, nicht ziehen, den Zeitraum in dem Dinge geschehen
Er kann nur eintreten in heilig Raum, den wir lebendig Wachstum nennen


Oh guter alter Freund, du sagtest mir einst
Schaue ich zulange in den Abgrund, wird Jener in mich Einblick nehmen
Ich verbeuge mich vor dir, füge hinzu, ich wurde eins mit dem Abgrunde

Sodann schaute ich hernach, selbst die Tiefe geworden, frei in die Höhe
Schaute in den Himmel und siehe da, der Himmel schaute auf mich herab

Eins geworden mit Himmel und Hölle, darf ich erkennen, darf verkünden
Ganzheit erwartete mich auf dieser Seite, meinerseits musste ich springen

Seraphine singen, gefallen Engel, gebrochen Flügel, gestürzt auf die Erde
Geheilt letzt in irdisch Gefilden durch die Liebe, ein Mensch fliegt davon

Der Mittelpunkt des Universums ist Überall

Kein Ort ist jemals ohne Mitte

Ein Teil des Ganzen, ist immer auch das Ganze selbst

Ganzheit ist niemals verloren, ist bisweilen nur vergessen

Weiß der Mensch nur was er greifen kann, doch nicht das Unbegreifliche

Ist denn der Horizont das Ende des Himmels



Der Engelsflug ist nicht zu bremsen, gebeugt wäre sonst Tabu der Liebe

Kein Mensch soll Flügel stutzen, sich der Fliegeslust der Engel widersetzten

Luftwesen suchen stets den freien Flug, welch Tor möcht's ihnen verwehren

Binden darf man es nicht, eine Einladung zum Bleiben, bejaht es bisweilen

Mögen Engelszungen je verstummen, stirbt der Engel stückweis' Innerlich

So lass ihn fliegen und singen Mensch, das du nicht am Grabe stehen musst

Es ist wahrscheinlich, will ich meinen

Ich sehe einen anderen Menschen vielleicht, erblicke ihn gar so wie er ist

So denn, ich in mir sprechen kann, ich erkenne mich im Anderen wieder

So blick ich wohl eher nur auf eigne Projektionen

Wenn's in mir schreit, das ist er, bin nicht ich, keine Ähnlichkeit vorhanden

So ist dies was ich sehe wohl mein Wünschen und Fürchten, wer ich bin

Ich schaue zwar auf Andere, doch die Anderen sehe ich nicht

Schau mich selber an, sehe weder ihn noch mich, schau auf gedachte Bilder

Ungewiss Anderes kann ich nicht Wissen, wenn ich es von mir nicht kenn'


Die Ohnmacht tangiert es nicht, ob wir größer, stärker, besser werden

Sie bleibt unbezwingbar Mauer, solange wir in ihr unseren Gegner erblicken

Es gibt kein hindurch, kein über sie hinaus, kein auflösend Mittel

Unüberwindbar erleben wir Ohnmacht, derweil wir sie als Feindin wähnen

Geben wir indes das gegen sie kämpfen auf, machen sie uns zu eigen

Werden einfach klein, zeigen Schwäche, zeigen traurig unser Unvermögen

Sodann löst die Ohnmacht sich von ganz alleine auf, ihre Fremde verloren

Denn als unsere eigne Ohnmacht angenommen, hat sie ihr Werk vollbracht

Bin ganz außer mir

Bin meinem Inneren fremd geworden

Bin draußen in der Außenwelt

Bin im Inneren selbst verlassen

Im Außen wird ein Krieg bestritten

So ruft es mich in stille Mitte, ruft es mich zu mir, das ich Frieden finde



Kann ich das Schicksal eines Besseren belehren

Kann ich ein Orakel überzeugen, von meiner größeren Zukunft

Kann ich dem Leben meine vergessen Lebendigkeit abgewinnen

Kann ich voraus sehen, was die Vorsehung niemals wissen mag

Ist dies gar möglich durch besungen Heldentat, die jene Wunder vollbracht

So will ich's ergründen, gerad damit begonnen, in dem ich tue was ich will

Gott ruft hinaus in die weite Welt

Es hallt Gottes Wort gleich allerorts, ein Echo im Überall

Du bist das einzige was ist, resoniert es in mir sogleich

Letztlich ist auch mein Sein, nur ein Echo von dir




Du bist ganz Mond, ganz Sonne für mich

Bist mir Schatten und Licht

Bist Schattenseite, die mich in die Tiefe ruft

Schatten, der in mir sein eigen Abbild wirft

Bist Lichtblitz, der mich blendet

Licht, das mir doch letzt den Weg erhellt

Zuweilen braucht inner Pflänzlein, groß Wutkraft um sich aufzurichten

Braucht die Wut um zu erwachsen, feurig Hitze lässt es frei gedeihen

Ohne Wut, würde es gar verkümmern, abgetrennt vom Wasser des Lebens

Wutlos würde es sich verbiegen und beugen, letzt eingehen in großer Not

Gewiss, in Güte wachsen, ist allzeit angestrebt, das heilig Credo

So sei erinnert, auch die Wut ist ab und an, rein ritterlich Kraft der Liebe


Jeder wahre irdisch König erkennt seine Dienerschaft

Jeder Führer des Volkes ahnt, das er geführt nur an Führungsleine geht

Jede wahr Autorität ist geboren aus Demut, erlebt Aufrechtstehen als Bürde

Wahrheit und Weisheit bleiben im Herzen des Wissenden nur ein Relatives

Denn ist nicht ein Jeder letztlich Sklave deiner Liebe

Ist nicht jeglich Menschen Freiheit, errichtet auf deinem gütig Erlauben

Menschlein ahnst du nicht, so du dein Altes festzuhalten weißt

Du nicht in dein Neues erwachsen kannst

Siehst du nicht, das dein bestehen auf dein Jetzig Sein

Dein Zukünftiges nicht gebären lässt

Lass los dein Bild von Dir und der Welt, ruft die Realität dir gutgemeint zu

Und möglicher Weis, darfst du bestaunen Kind, wie die Dinge wirklich sind



Wer hoch fliegen möcht, fällt möglicher Weise gleichwohl tief

Wer höher fliegen mag, kann mathematisch verständlich, noch tiefer fallen

Jene Rückschlüsse der Vernunft, mag wohl ein niemand bestreiten

Welch Tor wäre ich, wollt ich die Tatsache leugnen

Dennoch muss ich fliegen, wie könnt ich sonst geliebte Sonne erreichen

Nie würde ich dem Sonnenvater nahe kommen, wenn ich es nicht erstrebe

Der Mensch macht aus einem Baum ein Tisch, nennt es ein Natürliches

Er macht aus Naturstoff Synthetisches, er nennt es nun künstlich Ding

Wo ist nur die Grenze, wo Künstliches beginnt, Natürlichkeit Ende nimmt

Wer hat nur den fein Unterschied benannt, letztlich zum Gesetzt ernannt

Kann Gott diesen Makel auch erblicken, oder nur der Mensch weil er will

Heißt das nicht, das Gottes Schöpfung in diesem Sinne, auch synthetisch ist


Möcht mich wundern, wenn ich bereits das Wunder seh'

Möchte belohnt werden, wenn ich längst belohnt bin

Will mehr, wenn ich bereits alles habe was ich brauch'

Will das was ich noch nicht habe, auch wenn ich es nicht benötige

Möcht von allen geliebt werden, gar von Jenen die ich nicht mag

Möcht mehr vom Jenseitigen, obwohl ich Derzeitiges kaum zu tragen weiß

Wo mag nur dieser Pfad des Nimmersattsein enden, ist dies meine Hölle

Ich ahne es in leichter Weise, Ende finde ich in deinen erlösend Armen

Gebären wir in unserem Geiste, nicht gar selbst unseren eigen Feind

Modellieren ihn munter, wie wir ihn brauchen, nach unserem gut Dünken

Wünschen wir uns nicht selbst unsere Diktatoren nach unserem Bilde herbei

Schaffen unsere Tyrannen, in dem wir sie in die unausweichlich Ecke stellen

Darf ein Despot Reue zeigen, wenn wir in Gedanken zukünftig Untat wissen

Gibt es für Amoklauf ein zurück, oder haben wir Rückweg längst verwehrt

Geben wir denn dem Schicksal, noch genügend Raum selbst zu entscheiden

Oder bestehen wir auf unser Recht, die Welt in Freund und Feind zu teilen


Wer die Liebe weiß als Freund, will vom Kamerad Unsinn nichts wissen

Denn alles macht Sinn, ist dem Leben treu Gefährte, so die Liebe verspricht

Wer indes, die Liebe sich nur erdenkt, ist von der Unsinn Idee groß angetan

Redet gerne vom Unsinn der Dinge, übersieht gar den inhärent Liebessinn

Liebesaugen verurteilen nicht, sehen nur mit subjektiv Urteil auf die Dinge

So ob ihnen Erblicktes gefällt oder nicht, sie nehmen es an als heilig Gebot

Weltenstaub legt sich gleich der uralt Traditionenasche auf mein Haupt

Der Staub der Jahrhunderte belegt mein Gemüt, macht mich blind und taub

Es ist Vergangenes das sich meiner Bemächtigen möcht, Altes, nicht Meines

Hier in der Gegenwart lebe ich, erschaffe mir freilich eine eigne neue Welt

Ich stampfe auf den Boden, schüttle ab den Staub von vorherig Generation

Sogleich erleuchte ich im selbstentschieden Glanze und gehe neue Wege



Du mein schwerfällig Stein, du Fels, du großer Berg

Trägst die Jahundertgeschicht' mit Leichtigkeit in deiner Erinnerung

Dein Gesicht, versteinert Wandlung, dein Angesicht der Erde

Konnte traurig Dinge schauen, die ein Menschenherz beschweren mögen

Doch du, weisheitstragend geduldig Gestein

Bleibst in neutral Teilnahme aufrecht stehen, inmitten Hass und Liebe

Liebe, kann der Mensch nicht nehmen, nicht stehlen, nimmer verlieren

Liebe, erlebt und erhält er, ausschließlich als Geschenk

Die heilige Essenz ist stets offenbar, ist überall und versteckt im Nirgendwo

Ein Herz mag sich erfüllen damit, Bereitschaft ist die Schale die empfängt



Wer sieht sie denn schon, die Traurigkeit des Clowns

Wer bemerkt die Trauer hinter fröhlich Rollenmaske

Ist dem Narren nicht ebenso eine Tiefe der Gefühle eigen

Die hinter oberflächlich Scherzerei ihre Eingangspforte hütet

Will denn jemand wissen, welch Lebenskampf ruht, hinter einem Lächeln

Was nötig war, um Tränen wegzuwischen, das Augen erneut Lachen können

Ist nicht oftmals die heutig sichtbar Freud und Glückseligkeit

Errungen auf langem steinern Weg, schrittweise erreicht und gegangen

Wenn der Geist fährt in die Materie, Heiligtum ist jüngst geheiligt
Nimmt der Mensch in sich auf Geistig Eigentum, geschieht eben das Selbe

Aus seinem Inneren, möchte hiernach weiteres Geisteskind geboren werden
Oh ihr armen Menschenkinder, Wehenschmerz ist den zwei Wegen zu eigen

Geburt ist spürbar in beide Richtungen, zur Erde hin, zum Himmel empor
Beim Ein und Austritt aus dem Körper, hinterlässt der Geist seine Spuren


Wahrnehmung, ist nicht selten eingerastet in festgefahren Paradigmen
In Starrsinn eingerostet ist ihr Gelenk, indessen sie sonstig rege fokussiert

Ist die Welt angehalten, Distanz erlangt, durch stete Langsamkeit ersucht
Mag sie sich prompt bewegen, wird agil natürlich, wenn wir es nur erlauben

Bereits winzig Modulation ihrer starren Positur, nur eine kleine Regung
Schenkt uns sogleich versicherter Weise, Einblick in andere Welten

Erlauben wir dem inneren Auge die Wanderschaft, die Flucht aus der Starre
Blickt dies Auge aus anderer Perspektive, staunt somit in neue Dimensionen

Rufe nach oben hin, oh himmlisch Vater, warum hast du mich verlassen
Und hindurch mein kindlich Geschrei, erkenne ich, niemals warst du fort

Ich, wähle oft das Gehen, ich verlasse mich, du bleibst haltend dennoch da
Doch erscheint es mir, in meiner Abwesenheit, als ob du gegangen wärst

So rufe ich erneut, doch nun zu mir nach unten, rufe mich zu mir selbst
Komm und bleib hier mein Sohn, ich bin das Einzige was du brauchst

Denn alles andere, Gott inklusive, ist bereits da und erwartet dich mit Liebe



Wie oft steht uns der Verstand im Wege, steht spaltend in unserer Mitte
Wie oft stellt er sich zwischen uns und uns, macht Einswerdung unmöglich

Gerne spielt er sich auf als allwissend Instanz, ist gar nur Diener im Dienste
Jedoch wenn wir ihn lassen, übernimmt er das Regiment, verbietet Gefühle

Gewiss Gefühl, ist als leitend Autorität alleine, auch nicht das Gelbe vom Ei
Doch vereint, Herz und Verstand einig, dienen sie hervorragend der Seele

Ist nicht ein jeder Attentäter, auch das unschuldig Kind einer Mutter

Ist nicht jed Extremist, ob links, ob rechts, aus einem Mutterschoß geboren

Sind nicht Despoten, ungeachtet ihrer Taten, oft Väter von zarten Kindern

Ist nicht manch Tyrann und Chauvinist gar ein sorgend Ehegatte


Ist nicht der Anarchist, der Rebell, vielleicht ein verletzlich Bub gewesen

War gar der Aufrührer, Bombenleger, einst harmlos verliebt ohne Zorn


Frage dich, sind wir nicht allesamt Gotteskinder, gefallen aus dem Paradiese

Sind wir nicht alle verirrte Seelen, auf ihrer Suche nach dem Weg zurück


All unser wichtig Tun, ist nur klein Flossenschlag, in deiner großen See

Als Großtat bleibt oft nur ein Einnässen, jene schlägt Wellen der Illusionen

Auch unser ärgster Wellengang, vermag nicht die Realität hinweg zu spülen

Allmächtiges das bewegt, erschafft, das fürwahr lenkt, bist einzig alleine du

Des Menschen Zappelei am Flachufer der Bewusstheit, ist sinnlos offenbar

Viel vergeben Mühe, denn alles geschieht letztlich in deinem Sinne, ohnehin

Ein Eichhörnchenspross geht mit Mutter Eichhorn durch den Wald
Unterwegs sammelt die Mutter kräftig Vorrat, umringt vom spielend Kinde

Plötzlich spricht das Sprösslein mit früggescheitem altklug Glanz im Auge
Mutter wollen wir nicht in den Wald gehen, wir sollten Nahrung sammeln

Mütterchen dem Kinde gut gesonnen, will des Kindes Sicht nicht trüben
Die Bäckchen voll, klarer Aussprache beraubt, nickt sie nur verständnisvoll

Die Moral von dieser Geschichte, ist hier wohl gar dem Blinden ersichtlich
Nicht selten möchte er den Sehenden führen, seiner Blindheit zum Trotze


Ich vernehme das vehement Aufbrausen vieler Aber der Nationen
Höre orkanisch Winde, vom hohl Wenn und Aber der Weltengemeinschaft

Bald ein jeder Mensch findet Einwand, Nebel taucht auf, aus dem Nichts
Kollektiv finden Einwände zusammen, bilden einen singend Windes-Chor

Und in der Nebelwand der Unklarheiten, wird Wahrheit dünner und dünner
Bis Wahres aufgelöst im trüb Argumentenhimmel, Sichtbarkeit verloren hat

Im Hofstaate herrscht bunt gesammelt die große Aufregung

Früh aus den Federn gesprungen, wird geputzt, wird geräumt

Freude, Frohsinn, Glückseligkeit, ist offen auf allen Gesichtern vermerkt

Kleine freudvoll Hysterie ist im Gange, jeder rausgeputzt im feinsten Kleide

Alle bewahren die eine Jubelfrage im Munde, kommt er, kommt er sogleich

Du antwortest im Nu, liebvoll das Fest eröffnend, ich bin, ich bin schon da


Gewiss, man kann, wenn man will

Jedoch, wer will denn schon, das sind doch die wenigsten

Die freie Wahl ist zweifelsohne, jedem Kinde in die Wiege gelegt

Doch dies groß Geschenk wird meist zurück gewiesen, vom Erdenkinde

Wer will, der kann

Doch das Können ist doch arg bezweifelt

So bleibt der Menschheit oft nur einstimmig singen

Wir wollen, doch wir können nicht

Die Menschheit trägt ihr falsches Lächeln zur Zier, obwohl sie stirbt

Denn zeigt sich ihr sterbend Gesicht, sind alle, enttäuscht, erbost, pikiert

Lieber schaut man das Elend an, in sozialdemokratisch Manier, ungeniert

Als der Realität nackter Not zu sehen, ihre unmenschlich faschistisch Natur

Die Weltgemeinschaft, ist bei weitem nicht gut Amme und sorgt füreinander

Eher beutet man sich aus, wie zu Mittelalterzeiten, nennt es Marktwirtschaft

Die Wahrheit liebt es sehr, wenn das Gesicht der Bosheit sich offen zeigt

Denn dies ist die Auferstehung von Integrität und Ehrlichkeit


Spontanes Mitgefühl

Liebesakt bar jeder Vernunft

Ist gewiss nicht eingepegelt Dauerzustand, der geduldig das Arge bestaunt

Ist Ruf der Liebe, von dem der Mensch mitgenommen, in Gottes Arme fällt

Spontanes Mitgefühl

Nicht machbar, nicht zu fassen, kommt und geht, wann es will

Du bist viel zu groß, das ich dich, mit anatomisch Aug' erblicken kann

Wächst liebeswuchernd aus meinem Sichtfeld in die Totale

Ich sehe nur was kleinersichtlich, überschaubar, sehe was in meiner Nähe ist

Du indes bewohnst das Ewige, aussichtslos für meine kurzsichtig Schau

In deiner Unendlichkeit umarmst du das Ganze, haltest auch das mir Nahe

So deine Größe zu sehen ist gewagt, doch ein Teil von dir, ist stetig sichtbar


Warum nur, sollte ein Mensch der Hölle Vorzug vor dem Himmel geben

Warum sollte er die Liebe verweigern, sich dem Hass ganz freilich schenken

Warum sollte er sich klein machen im Ganzen, auf sein Großsein verzichten

Einzig aus Angst heraus tut er solches, gefangen in Scham und Schuld

Mein lieber Freund, Menschenkind und Mitbestreiter, Sohn Ödipus
Ach wie lange schon, möcht ich dir bekunden, mein allertiefst Mitgefühl
Selbstfindung, ich bestätige, erfolgt auf dem Pfade der einsam Absonderung

Weh, dem Übervater ohnmächtig entgegen gestellt zu sein, Freiheit suchend
Welch Kreuzgang ist es, vom Sockel stürzen zu müssen, lieb Übergroßes
Letzt, gestürzt, verloren, alleine, Vaterraum in einsamer Leere vorzufinden

Welch leidvoll Kreuzgang, all das schön Mütterliche, sein eigen zu wissen
Es trotz dieses Wissens als Fern zu fühlen, die nahe Mutter unerreichbar
Dem Tod ins Auge blickend, weiblich Reich nur besitzbar durch Eroberung

Welch Zwiespalt mag wohnen, in dieser Kindes auferstehend Seele
Eins mit allem und dennoch inmitten des Ganzen krankmachend entzweit
Einzig unbewusst Wissen um Notwendigkeit, möcht das Ganze schlichten

So muss der König sterben, das ein Prinz zum neu König auferstehen kann
All Mütterliches ist uns familiär, erwachsen werden, ist so stets Tabubruch
Der König ist Tod, es lebe der König

In welchem Augenblick wird berühmte Pille bitter, wann geschluckt

Wann wird die Milch denn sauer, wo ist das Grenzland der Verwandlung

Wieviel Wut und Ärger muss sich stauen, bis Staudamm der Gefühle bricht

Wann kippt die Stimmung im Raume, so des Menschen Unwohlsein beginnt

Wieviel Sensibilität muss Mensch gewinnen, um zu spüren woran er ist

Wieviel Achtsamkeit erringen, das solch flüchtig Momente zu erahnen sind


Wenn eine Mutter ihr erstgeboren Kind, an den Gevatter Tod verliert

Gott ihr daraufhin ein zweites schenkt, kann dies groß Verlust nicht mäßigen

Das lieb Verlorene wird nicht ausgeglichen, durch ein neu lieb Gefundenes

Doch gestorben Kind, kann auch Wert des Zweitgeschenkten nicht mindern

So erklärt göttlich Gleichung zwar Sinnhaftigkeit, sagt alles ist vollkommen

Doch der Konflikt im Mensch mag bleiben, er schwindet nur in Versöhnung

Auf dem Erdplaneten, ist des Menschen erleben oft nur groß Verzicht
Heimat, Nahrung, Frieden ist ihm Mangel, manchem mehr muss er entsagen

Doch was ist Verzicht geringer Preis, wenn wir Kostbarstes längst besitzen
Ist es nicht klein Gebühr, binnen du unser Zölibat als Bräutigam begleitest

Ein Leben im Lobpreis, scheint mir angemessen, als bloßer Unkostenbeitrag
Menschverzicht für deine Nähe, in dir daheim zu sein, ist letzt unbezahlbar

Mein Frohsinn, meine Dankbarkeit, nebst Verzicht, ist mein täglich Wegzoll
Ich begleiche ihn gerne, in dir doch wahre Heimat wissend, gestillt in Liebe


Oh ja, ich weiß was die Liebe möcht, kann in mir ihr Rufen hören
Jedoch tue ich ein manches Mal das Andere, tue was ich scheinbar muss
So das ich meinem Herz ein Aufschrei entlocke, ich gespalten bin im Innern

Ja, ich höre was die Liebe rät, kann in jed meiner Zellen, ihr Mahnen wissen
Gleichwohl, ich lebe, will mich ihr verweigern, den Menschen atmen sehen
Handle gegen mich, gegen sie, tue ebenso Menschenmögliches für mich

Die Abnabelung, das Getrenntsein, ist Geburtsort des Individuellen

Einsamkeit, das Alleine Sein, gar die Leere, ist die Heimat des Individuums

Losgelöst aus der Ganzheit, getrennt von Mutter, vom Gotte, finden wir uns

Materie, Mensch und Seele wurd allein gelassen als Segen nicht zum Fluche

In einsam Stille der Isolation, erwächst das Einzigartige, erwächst ein Ich

Gebannt in lieb Abgeschiedenheit, kann geboren werden das Menschenkind

In Raum und Zeit genesen, beginnt der Sohn seinen Weg zurück zum Vater

Eingeboren in Mutterboden, kehrt er erwachsen heim ins wahr Himmelreich

Jed Welle, jed Teilchen, Atom für Atom, ist dem Menschen gleich alleine

Letzt Ursprung suchend, löst sich Individuelles auf im Urgrunde allen Seins

Und umgekehrt wird auch ein Schuh daraus

Denn nicht nur im Despoten steckt möglicher Weis' ein Waisenkind

Auch der sogenannt Gutmensch, beherbergt vielleicht einen klein Tyrannen

So wohlbekannt in jedem Priester, Zuneigung zu jung Zögling wohnen mag

Etwaig lebt in jedem Engel ein Teufel inne, wartet auf günstig Möglichkeit

Gar ist der uns bekannt lieb Vater, gewalttätig, Fremdenfeind, ein Mörder

Gewiss, im Hellen verweilt das Dunkel, in der Finsternis flackert ein Licht

Wissen wir denn wirklich, welch Kraft im Mitmensch am Morgen erwacht

Der Mensch ist ein janusköpfiges Chamäleon, Gott und der Teufel inhärent

Täuschen lässt sich nur der Tor von Maskerade, dem Weisen ist es offenbar

Du öffnest mein klein Herz, durch dein göttlich groß Herzpulsieren

Dein lieb kontinuierlich Gleichklang, bringt mich ins öffnend Schwingen

Ist mein Herz dann groß und unverschlossen, bin ich zur Empfängnis bereit

Dann schlägst du feinhohe Töne an, Subtiles nun tiefer in mir wirken kann

Mein geschlossen Gefäß kann nichts fassen, nichts spüren, noch empfangen

Offen nach Oben und nach Unten hin, werd ich zu Braut und Bräutigam


Oft ist der Mensch dem Küken gleich, das im Ei nach außen weicht

Kommt sich vor im eigensinnig Inneren, ausgeschlossen vom Außenraume

Schon längstens darinnen, gewiss im Ei, doch auch im Weltenraum zugleich

Fühlt er sich gefangen, strebt nach draußen, sich erlebend in der Trennung

Zerbricht die Schale der Wahrnehmung sodann, erfährt er sich im Raume

Ist der Vorhang erst gefallen, ist klar, das man stets Innen und Außen war

Nun ist es mir bewusst, ich fühle mich wohl in der Verletzlichkeit

In der Gefühlswelt bin ich zuhause, hier im Unsicheren ist meine Heimat

Doch flieh ich oft in den Verstand, ins Gemetzel von Wort und Argument

Suche Sicherheit in der Flucht nach vorne, fliehe zur Vernunft hin

Feines Wesen ohne Halt und Ziel bin ich, das Grenzenlose ist mir Wohnung

Denn in Urvertrauen verweile ich hier, trotz aller vermeintlich Bedrohung

Das Gebäude der Vernunft, schenkt nur bedingte Sicherheit dem Flüchtigen

Es stürzt ein, spätestens, wenn nur noch die Liebe einen Halt geben kann

So ruft mir die Verletzlichkeit zu, atme dich hinein in die Welt der Gefühle

Atme ein und lebe


Es steht doch außer Frage, erste Wahl, ist gewiss liebst Umarmung

Doch lockt ein Umarmen neues Leid herbei, so ist es gerad nicht Stimmig

Wenn das Umarmen nicht fruchtet, gar weil ich nicht kann, oder der Andere

Darf das Vernunftschwert den Arm der Gefühle durchtrennen, zweite Wahl

Denn eine Umarmung in Feindes Gesinnung, schafft nur trügerisch Frieden

So ist es weit friedlicher, wenn der Mensch sich selbstlieb in die Arme fällt

Es ist das universale Wirken, das uns bewegt, uns Richtung weist

Helfende Strömung die gleich in Menschenmitte und in Gottes Außen reist

Es sind die himmlisch Kräfte die uns hin und her bewegen, die Pfade ebnen

Es ist die Erdenkraft die uns drückt und zieht, zugleich abwehrt und lockt

Mal sanft, mal grob, werden wir geschoben von einer Position zur Anderen

Bis wir durch lieb Zwingen, uns endlich im klein Etappenziel wieder finden

Kaum ausgeatmet nehmen wir gewahr, das sich Kräfte wieder an uns reiben

Uns führen, leiten, treiben, eben das wir das nächst anvisiert Ziel erreichen

Sie machen es gewiss, das wir als Schlüssel ins ersuchte Schlösslein gleiten

Sorgen, das ein Rädchen ins Nächste greift und die Weichen stellt zugleich

Ein Mensch läuft mit dem Kopf gegen die Wand, der Stein bleibt stille

Jener indes wird laut, beschwert sich über die Qualen, beschuldigt Gemäuer

Steine bleiben still, Stille hört der Mensch nicht, hört nur sein Klag und Pein

Letzt was er gänzlich übersieht, ist sich selbst, sein Laufen gegen eine Wand

So lebt Mensch nur im Schmerz, lebt in der Wirkung, leugnet die Ursache

Streitet ab sein eigen Beitrag, eigen Handeln, Tat, die zum Resultate führte

Folgerichtig wohnt er in Selbstverleugnung, ist nicht in sich selbst Zuhause

Er lebt in Abwesenheit, lebt im Außen, sieht nicht wie er die Welt erschafft

Wenn der Mensch den erst Fehler vollbracht, das Versagen Einzug hielt

Wenn Mann, so Frau, die erst bewusst Lüge vollzogen, Unreines geboren ist

Wenn erst Spaltung im Wollen und Wünschen erlebt, kein Ausweg in Sicht

Wenn nur Ungutes zu entscheiden bleibt, nur Suboptimales zu Rate steht

Wenn erst Grenze überschritten ist, findet er sich so im Unbekannten wieder

Über die Schwelle getreten, gibt es zumindest hier kein nimmermehr zurück

So ist Jungfräulichkeit des Idealen verloren, doch Menschlichkeit gefunden

Nun darf der Uneine suchen nach eigen Ausgewogenheit, irdisch Harmonie

Im Wehschmerz der Makelhaftigkeit, gefallen aus dem Nest des Einklangs

Paradies verloren, ist der Mensch nun fahndend nach den wahren Himmeln

Großes Wissen mag sicherlich einem Menschen gut zu Gesichte stehen

Doch Wissen an sich findet stets natürlich Ende, auch Großes hat Grenzen

Weisheit ist das Wissen um das Ungewusste, ihre Macht gebiert aus Demut

Durch den Weisen strahlt Wissen, vom Endlosen das sich vor ihm verbirgt

So wächst Strahlkraft eines Wissenden, nicht mit dem was er in Menge weiß

Sie wächst proportional, mit dem, was er bewusster Weis nicht wissen kann



Die Maschinerie des Verwaltungsstaates ist einem Fleischwolfe gleich

Doch in einer Besonderheit, erkennt ein jeder großen Unterschied

Es kommt bei weitem nicht Gleiches Unten raus, was Oben rein getan

Man ist eher überrascht, das Eingegebenes dem Resultat ein Fremdes ist

Nimmersatt Fleischwolf der Verwaltung, frisst Alles ganz nach belieben

Und speit nach unten aus, was dem Staate zu nutze ist

Auch wenn ich es kaum aussprechen möcht, kann ich es indes nicht leugnen

Ist auch rein Zucker eingefüllt, wird meist jedoch Exkrement ausgeschieden

Gut gemeint, ist längst nicht gut gemacht

Wie groß bleibt doch oft die Schlucht, inzwischen Praxis und Theorie

Durch hundertste Entschuldigung, wird hundertste Untat nicht erträglicher

Ein, ich wollte doch, ich habe doch versucht, ersetzt wohl kaum die gute Tat

Kein gutes Wort, noch guter Gedanke, kein Erkennen veränderte je die Welt

Fromm Wunsch ist totgeboren, solange niederkommend Taten nicht folgen

Unnütz Gerede, wenn alle Menschen machen würden, dann würde ich auch

Dies Zeugnis, füllt hungernd Kind nicht den Magen, bringt keinen Frieden

Bis ganz Prozess Vollendung findet, Zeugung, Geburt, Niederkunft erfolgt

Bleibt ein Teil, nur Teil des Ganzen, vermisst weiterhin die Ganzheit selbst

Ich würde, ich täte wenn ich könnte, ist aus Angst geboren Gotteslästerung

Denn lebt dem Menschen nicht Schöpferkraft inne, die er so mit Füßen tritt

Die Welt ist ach so groß, geschaut mit Kinderaugen

Nur Nahrung, Nähe, Sicherheit, sind dem Kinde wichtig in ersten Stunden

Mit der Auswahl des Unendlichen, wäre klein Wesen auch weit überfordert

Denn bereits eine handvoll Möglichkeit brächte den Sproß zum kollabieren

Denn entweder, gespalten wird das Kind in seiner Mitte, von zwei Optionen

Oder es will, es wählt, bekommt es nicht, und erntet unhaltbar Frustrationen

So ist es dem Neuankömmling leicht gemacht, das er nur wenig will

Kind nicht Eigenes suchen muss, eben nur das Außen erblickte wiederholen

Ist das Kind dann gefestigt, bietet sich von alleine mehr Freiheit der Wahl

Mehr Können, mehr Wollen, soviel wie Selbstverantwortung tragen kann

Und solange die Verantwortung, nur Last auf kleinen zarten Schultern ist

Entscheidet das Leben, das Große für das Menschlein, egal ob es ihm gefällt

In mir, im Raume der Leere, ist natürlich Frieden Zuhause

In der Ferne von mir, sucht mich die Furcht, suchen mich äußere Kriege auf

In meiner Nähe, bei mir, bist auch du ganz nahe

Verlasse ich mich, fliehe hinfort, verlasse ich auch dich, in gleicher Weise

Die Welt ist Ortschaft der Unvollkommenheit, der stete Wandel ist ihr Credo

Will ich in ihr je Frieden finden, muss ich in ihr stehen, doch in dir wohnen


Ich bin Ohnmächtig, es bleibt mir einsam das Akzeptieren

Denn gewiss doch, der Ohnmacht Gestalt, vermag ich nicht zu Ändern

Ich bin Ohnmächtig, annehmen darf ich das Faktum

Ich, ich selbst, ich kann nichts tun, in diesem besonderem Falle

Alle Wehr, ach so zwecklos, wogegen wehr ich mich, ist fraglich überhaupt

All das Kämpfen, ist bereits ein verlorener Sieg

Ich bin Ohnmächtig, mehr kann ich mit Worten nicht sagen

Und alles was mir als Handlung bleibt, ist letztlich nur das damit Sein

Oh wie zerbrechlich, ist doch das Seelenheil

Ist auch umkleidend Körper noch so stark und groß, Schutz bietet er bedingt

So achtet der Mensch nicht die heiligen Diäten

Verhungert er ach so bald, am reich gedeckten Gabentisch

So sei erneut betont, die Seele wird gestillt, von der Liebe alleine

All die andere Nahrung, verträgt sie nicht




Tiefe Trauer in mir Wohnung nimmt

So ich für mein Geburtsrecht, doch immer wieder kämpfen muss

Schwarzer Schleier der Trauer bedeckt mir das Innere

Weil ich die Menschheit seh, doch ach so roh

Gott, ich weiß, das die Menschen Rohheit, nur aus Angst heraus zelebrieren

Ich verstehe sie gewiss, jedoch verzeihe mir, ich bin es dennoch leid

Mut ist nur von Nöten, wenn wiederum, auch etwas zu befürchten ist

Wenn die Furcht nicht Zuhause weilt, wo mag dann der Mut wohl wohnen

Wo sind die Dinge, wenn wir sie nicht sehen, wenn wir sie nicht brauchen

Sind sie stets da, füllen unnütz den Raume, oder sind sie erlöst im Leeren

So frage ich mich einem Freunde gleich, mit gewissem Schalk im Nacken

Ist der Mond denn dennoch da, auch wenn ich nicht auf ihn schau


Wie verwaist ist wohl die kleine Welt des Kindes

Wenn es Mitleid, für das töricht Handeln seiner Eltern hat

Wie Weltverloren ist dieses Kinderleben

Wenn es dem Kinde schmerzt, das der Vater roh, Mutter's Leben inhaltslos

Wo ist dies Wesen wohl gerad zuhause, Heimat im Außen längst verloren

Kann Einsamkeit denn größer sein

Gegen Dummheit, ist noch kein Kraut gewachsen, sagt man

So frage ich mich, gibt es denn ein Kräuterchen, das zur Erleuchtung taugt

Nun, universell Mittelchen, gibt es weder für das Eine noch für das Andere

Letztlich, Beides kommt wann es will und niemand kann dies verhindern

Ergo, gefeit ist kein Mensch, gegen grenzenlos Unverstand der Menschheit

Oh Trost, zugleich ist die Gesellschaft nicht versichert gegen Erleuchtung



Vielleicht ist gar die Ohnmacht eine Sintflut

Die gleichsam die Ergebenheit, als Arche bereit zustellen weiß

Vielleicht gibt das Leben, dem Heiligen die Ohnmacht zum Geschenke

Sodann er sich bedankend, dem Leben ganz und gar ergeben kann

Vielleicht ist die Ohnmacht liebend Mutter, ausgestreckt unsichtbare Hände

Mutter, die bereit ist uns aufzufangen, wartet, bis wir ihr entgegen fallen

Schlafende Hunde bellen nicht, tote Hunde machen auch keinen Laut

So Mensch wache auf, verlasse das Schlafesland, entsteige dem Totenreich

Richte dich auf, werde groß oh Menschenkind, erwache, heule den Mond an

So das du vernimmst dein eigen Echo, du eigen Worte hören magst, ich lebe



Wir schauen auf die Welt, verzerrt durch die Linse der Furcht

Sehen sogleich, nur plakative Leinwand unseres Feindbildes

Doch was erblicken wir, wenn Fahne des Feindes in Wahr-Flammen aufgeht

Was sehen wir, wenn jenes das den Blick verstellte, jähe Auflösung findet

Wir alle staunen sodann lächelnd auf das selbige Bilde

Wir sehen uns, erkennen im Nu, das wir stets nur uns selbst betrachteten

Der Mensch ist ein begnadeter Illusionist

Die Projektion ist gewiss, eine seiner Klügsten Täuschungen

Was er nicht sehen will, was dennoch in ihm wohnt, projiziert er auf Andere

Verbannt Eigenes in den Raum des Nächsten, sieht es bei sich nimmermehr

Abrakadabra, dreimal geübte Projektion, hinweg ist der Schatten der Seele

Verschwunden finster Hase, den die Wahrheit zuvor aus ihrem Hut zauberte


Das bös' Bubenspiel, verkündete mir schon in Kindeszeiten großes Leid

Anderen Schlimmes zuzufügen, sich dabei schadenfroh daran zu freuen

War mir stets ein Greuel, war unverständlich, war mir letzt abscheulich

Verstehen konnte ich es nie, das es Lust bereitet, Schaden zu verschenken

Und nun im Jetzt, schaue ich auf die Welt, sehe immer noch das Gleiche

Bubenspiel Selbiges, Ausmaß gar verschieden, heut Krieg und Tot erringend

Die Mühlen der Seelenentwicklung drehen sich in der Langsamkeit

So langsam, das es scheint, Zeit stehe still, man bewegt sich gar Rückwärts

Rasch gewonnen ist da nichts, schnell verloren, gerechter Weise auch nicht

An einem Tag wächst man einen Tag, mit Mühe wird auch kein Jahr daraus

Nur ein geübtes Auge mag sehen, wie der Mensch sich Innen stetig wandelt

Das die Nacht des Bewusstseinsschlaf sich neigt, der lebendig Tag erwacht


Ich sagte einst zu meinem Nächsten, das Leben ist einfach magisch

Ich erntete ein unerwartet knappes, für mich ist das Leben eher tragisch

Im Missionarsinnen erwacht, fuhr ich fort, ist das Leben nicht ein Wunder

Ob ich denn toll wäre, fragt er mich, alles was er sieht, ist bloß Widerspruch

Jetzt will ich es wissen, presche vor und preise, das Leben ist ein Geschenk

Er schaut mich an mit bös' Blicken, sagt, auf Jenes kann ich gern verzichten

Nun bin ich äußerlich verstummt, in mir spricht es hingegen munter weiter

Ich resümiere folglich, das Leben hat wohl für jed Mensch ein eigen Gesicht

Wahrscheinlichkeit, ist eine Größe, die gern mit Sicherheit verwechselt

Jedoch, ein Ding, namens Sicherheit existiert in diesem Universum nicht

Finden kann man hier nur ungenau Wahrscheinlichkeiten, in allen Graden

Bestenfalls Idee, die an Sicherheit grenzende Wahrscheinlichkeit sein kann

So ist es zwar recht unwahrscheinlich, hier auf Erden Sicherheit zu finden

Doch sehr sicher, sich ein Leben lang in mutmaßlich Sicherheit zu wägen


Schuld zu suchen, ist des heutig Menschen groß begehren

Einer muss stets Schuld sein, Einer, hat der Gesellschaft Schuld zu tragen

Meist findet der Mensch die gesucht Schuld beim Anderen, kaum bei sich

Nur im autodestruktiven Sinne, sucht er besessen bei sich und findet immer

Im häufig Falle, sind andere Schuld, Religion, Politik, letzt die ganze Welt

Doch es ist egal wer letztlich Schuldig ist, nur wichtig, das er gefunden ist

Denn wenn einer wird der Schuld überführt, sind alle anderen fein heraus

So suchen wir rasch nach einem Opferlamm, geschlachtet, es uns erleichtert

Manchmal muss man weiter üben, muss wiederholen, weitergehen

Praktizieren, auch im genauen Wissen, das es nicht zum Ziele führen kann

Denn man weiß ja noch viel genauer, weiß bescheid vom klaren Faktum

Wenn man nicht zu üben pflegt, dann kommt man ganz bestimmt nicht an

So geht es wohl eher um das Üben, das wiederholend Tun an sich

Es geht um Treue, Verpflichtung, Geben ohne Forderung, es geht um mich

Das ich Tue, ohne zu wollen, Tue um des Tun willen, ich bin angekommen

So, hier im Jetzt, erreiche ich gar im Quantensprung, das unerreichbar Ziele


Dankbarkeit

Ist einzig gültig Antwort, wenn es im Draußen nach Antwort ruft

Dankbarkeit

Ist akzeptabel Antwort, die ungestellt Frage des Lebens wirklich stillen mag

Dankbarkeit

Ist das beseelte Echo eines Menschen, auf den Seelenruf der Götter

Einst riet mir ein sogenannt Seelenklempner

Ich solle doch die Bäume umarmen, wenn ich schon die Menschen meide

Also ging ich in den Wald, umschlang das erstbeste Holz, mit arg Rückhalt

Ich wollte nicht unversucht lassen, was mir helfen könnte aufzuwachen

Kaum winzig Arme um den mächtig Freund geschlossen, kam die Einsicht

Ich, hatte die Umarmung wohl viel mehr von Nöten, als die gute alte Eiche

So ließ ich einsichtig los, stand einfach nur in des Baumes behütend Aura

Hier fand ich mühelos Eintritt, in die Welt-Geborgenheit von Mutter Natur


Es ist das innere Ruhebett, das ich stets aufzusuchen verpflichtet bin

Es ist das regelmäßig sein im Auge des Orkans, das mich sänftigt

Ohne Pflichtzeit im Friedenslande, ist äußerer Sturm gar schwer zu ertragen

So wächst sich aus die Welt da draußen, gar im Nu zur persönlich Hölle

Es ist mein Entscheiden zur Pflicht, das mir den Rahmen der Freiheit steckt

Ohne Ruhe, Liebesstund, verwelk ich wie entwurzelt Pflänzling am Seeufer

Die Wahrheit alleine, lässt mich los aus der Einsamkeit, in deine Arme

Nur die Wahrheit alleine, heilt die Wunde der Lüge

Nur die Wahrheit alleine, heiligt den sündigen Moment

Nur die Wahrheit alleine, kennt den Weg zurück aus des Wahnes Irrgarten

Oh Gütiger, Wahrheit ist dein Lichtgeschenk, das mich im Finsteren leitet



Es ist sicherlich viel leichter einen großen Ochsen einzufangen

Als einen winzig Schmetterling zu zähmen

Ebenso ist es wohl leichter den Splitter im Auge der Anderen aufzufinden

Als den Sicht-stehlend Zaunpfahl im eigen geistig Auge zu sehen

So lasst uns gerad beginnen, mit dem Schwersten von Alledem

Gerad beginnen, mit dem unseren bloßen Eingeständnis

Mein größt Wissen, habe ich in magisch Weis' über meine Unwissenheit
So stets bin ich gewahr, das dies was ich Wahrheit nenne, ein Relatives ist

Gar wenn ich mich ganz sicher wähne, ein Stück des Wahren zu erfassen
Dämmert es mir doch immerzu, darinnen könnte weitere Wahrheit wohnen

So ohnehin, auch wenn ich die vermeintlich letzte Wahrheit im Jetzte kenn'
Was will ich schon damit, gehört diese denn der Ewigkeit


Ach wie wundersam ist es doch in deiner Stille
In deinem Ruheraum des Ewigen, erleb ich gänzlich Fülle

Nichts scheint hier zu wohnen, nicht einmal die leisen Töne
Dennoch ist auf rätselhaft Weise alles zugegen und voller göttlich Klang

Bin ich eingetaucht in deinen Seelenkörper, eingetaucht in Leerheit Fülle
Durchfluten mich gar prompt die Wellen der Glückseligkeit

War ich denn einst Zuhaus in einem Kuckucksei

Entschlüpfte ich gar Damals in einem fremden Neste

Nun ja, ich kam mir wohl fremd vor, fremd in der ganzen Welt

Die heimatlich nestlich Geborgenheit, fühlt ich gar Nirgendwo

Gewiss, heute weiß ich, bin Gottes Sproß, Kind von aller höchst Herkunft

Gelegt wurde ich von meinem Vater, in den heilig Schoß von Mutter Erde

Dessen erleuchtet, gebe ich der Erdenmutter täglich, meinen ehrvoll Dank

Sie flüstert, Sohn, ich bin geschmeichelt von deinem Preisen, der Vater auch

Fügt hinzu, Kinder der Erde gehören mir nicht, Gott nicht, nicht ihren Eltern

Die Erdenkinder allesamt, gehören sich selbst, gehören sich ganz alleine


Das Universum ist im steten Wandel

Hierbei waren sich Einstein, Curie, so Mendel und Darwin gar einig

Doch andererseits, wie man mit dieser gewiss Unsicherheit zu leben hat

Da erfand doch selbstbewusst ein jeder seine eigne Art und Weise

Noch heut ist die Antwort der Menschen auf Ungewisses, recht einfallsreich

Doch meist liegt die Entscheidung zwischen Kontrolle oder Losgelassenheit

Ein Priester nahm die Beichte, hörte Weh und Klag, ob Frau, ob Mann

Eine Bäuerin beklagte sich über die frühe Stund des Arbeitstages

Eine Mutter hernach, wollte Schreien ihres zahnend Kindes nimmer hören

Ein betagter Mann, jammerte über den Pein seiner älter werdenden Knochen

Eine Schwangere wollte die Übelkeit des Morgens von ihr genommen

Ein Verliebter bat, das Gott ihn von der Bangigkeit des Verliebtseins erlöse

Ein Vater möcht die Erinnerung ausgelöscht, das er als Vater einst versagte

Ein Büblein, möcht Unbekanntes nicht haben, das in Zukunft auf ihn wartet

Ein Koch betet kniefällig, er möcht doch nimmermehr, eine Suppe versalzen

Ein Hundertjähriger bittet, er möcht nicht sterben, es gäb noch soviel zu tun

Der Priester sitzt lange nach der Beichtstund' mit sich und Gott alleine

So fragt es in ihm, wenn all das von uns genommen, was zum Leben gehört

Was bleibt dann noch dem Leben

Wohnt die Seelenhüterin nicht in all der kreatürlich Schöpfung
So die Vogelmutter wacht beharrlich im Neste, bis das Küken fliegen kann

Schützt nicht der Hirte die Herde, bis das Lamm, des Böcklein Kraft erlangt
Fürsorgt nicht der Priester seine Schäflein, bis Gott ihnen selbst erscheint

Lieben nicht die Alten ihre Kinder, bis sie lernen, ihr Selbst-Lieben-Können
Lässt nicht Walkuh den Spross bei sich schwimmen, bis Autonomie erwacht

So lege ich Arme um dich, bis dein Herz sich für's selbst lieben öffnen will
Bis du dir verzeihst, vergibst, dir erlaubst, dich in eigen Liebhände zu geben



Die Illusion ist einer Luftblase gleich, die mich hält im engen Raume
Verbannt die Realität nach Außen, sich durch Ängste aufzublähen weiß

Doch kann ich sie ebenso, durch mein Bewusst werden nützlich weiten
Sie dehnen, aus meiner Mitte aus gar weiten, bis ich Spielraum so gewinne

So rechnet sich, je klarer mein Bewusstsein, je durchsichtiger die Illusionen
Ab bestimmt Größe der Klarheit, sehe ich Realität hindurch schon scheinen

Wir mögen uns als Menschen, unserer Gefangenschaft wegen beklagen

Doch macht sie hier auf Erden irgendwo doch Sinn, scheint uns zugehörig

Gehrichtung ist wohl stets, das man vom Gefangenen zum Freien wird

Mit Ketten gefesselt erwacht, sodann Entfesselungskünstler werden mag

Ob man sich löst vom Knebel des Unbewussten, ins frei Bewusstsein hinein

Sich als Sklave der Herrschaft entzieht und mutig zum frei Menschen wird

Entflieht dem Bann des Affekts, in lieb Miteinand von Gefühl und Verstand

Oder eben, dem Tyrann Vernunft zum trotze, Gefühle zulässt, ohne Bang

Man ist geboren zuerst im Milieu der Verwahrung, um sich dann zu befreien

Erlebt sich erst in der Dunkelheit, zur Verwandlung, geht dann frei ins Licht


Oh weiser Eremit, du treuer Freund und Berater

Du großer Charakter, den ich bewohne, der mich bekleidet

Deine einsam Wohnung, war mir stets geborgen Zuflucht

Mit dir das Leben zu teilen, ließ mich auch in tiefster Einsamkeit nie alleine

Das Leben führt einen Jeden auf seine ganz besondere Art und Weise

Legt Steine in den Weg in jeder Größe, räumt spielend Berge aus der Sicht

Es knetet den Menschen mit Sorgfalt, bis er zum Individuum sich modelliert

Es ruft und leitet, es verführt, geht stets an der Seite mit dem Mensch voran

Es drückt und schiebt ihn, zwingt und entlässt ihn, in nächst Sekunde hinein

Bis der Mensch erkennt, das das Leben es stets gut mit ihm meinte

Sodann, gehen sie gemeinsam weiter und weiter


So tief zu wissen, das ich eigen Weg suchen, finden, letzt gehen muss

Erfüllt mich gerad jetzt, mit besänftigend Ruh und erleichternd Klarheit

Es ist ein einsamer, es ist der Meine, der, den ich gehen muss mit mir alleine

Und ich geh mit Lust, gehe froh, fühle auch in Einsamkeit bist du mir nahe

So sehr ich zu mir find, verliere ich Abhängigkeit von der Welt da Draußen

Gehe von Außen nach Innen, ahne dich auf jenem Pfade, als steter Begleiter

Die Routine ist schleichend Tod der Spontanität

Spontanität wiederum, erweckt im Nu die Routine aus dem Schlafe

So wirkt ein Schlafender im Bette der Lethargie ermüdend auf die Umwelt

Gern möcht man deshalb Schlafende erwecken, um gar selbst aufzuwachen

So rät mancher schnell altklugüberschlau, sei doch mal spontan, jetzt sofort

Spontanität ist des Lebens Türöffner, doch wer ist schon Spontan auf Befehl



Ich stehe weder rechts noch links, ich stehe in meiner Mitte

Auch wenn ich spreize meine Schwingen, weit nach Außen zu den Schatten

So das ich berühre vom Herzen, alle meine Ränder, mir manch fremde Ufer

Dies ist gültig in Politik, Religion, im Trivialen, gilt auf all meinen Wegen

Das Glas ist weder halb leer, noch halb voll, es ist letztlich beides

So ist der Inhalt Wasser nicht weniger Wasser, als Dunst, oder Schneeflocke

Indes als Tröpfchen oder See, es ist und bleibt nur Verbindung in Chemie

So ist auch der Mensch, weder gut noch böse, eher keines, oder gar beides

Ein Mensch ist mehr als Summe der Charakteranteile, mehr als das Ganze

Er ist das reine beobachtend Bewusstsein, das im Ganzen Herberge nimmt


Des Menschen Charakter hat gar unzählig Facetten

Und gleichwohl welch Gemüt er als Kinde mitzubringen wünscht

Er kann es stets nuten zum Guten, gar zum Schlechten, wie es ihm gefällt

Und gewiss, ein schadhaft Samenkorn mag nicht immer zur Blüte gedeihen

Es mag vielleicht nicht einmal keimen, erwachsen, niemals Früchte tragen

Doch verliert es hierbei, nicht ein Quentchen Sinn für seinen Schöpfer

Verkehrtes, ist kein unbedingt Falschgeld
Ist einfach nur die andere Seite, von barer Münze der Optionen

Verkehrtes steht auf dem Kopf, ist Rückseite, ist Antipodisch
Das Umgekehrte, macht Bild vollkommen, ist Spiegelbild von uns Selbst

Verkehrt, ist das Andere, ist Gegenteil, ist ein Teil des großen Ganzen
Verkehrt ist von gegenüberliegend Seite des Ufers geschaut, auch das Meine


Gefühl das nicht zu uns gehört, Stimmung die dämonisch Heimat hat
Gehört nicht unserem wahren Sein, gehört erst mit recht nicht den Anderen

So ist gerade Eifersucht ein oft ungebeten Gast, unserer Liebe ist er fremd
Auch sind Existenzängste, dem Urvertrauen ebenso unbekannt Bewohner

Dennoch, sie sind unsere Gäste, weil wir sie einladen aus Angst heraus
So ist es eben auch kein Liebesakte, wenn wir diesen Gast weiter reichen

Unseren Gefährten, unseren Kindern, diese Bürde auf zart Schulter zu legen
Erleichtert nicht unser tragen, es ersucht nur unschuldig Mitträgerschaft

Die Menschheit ist längst nicht reif für wahre Demokratie

Egoismus geboren aus der Angst, treibt vor allem an die Gemüter

So gibt es jedoch stets eine weise Frau, einen weisen Mann unterm Volke

Sehende Menschen, auf deren Fahnen, Gerechtigkeit, Güte und Milde steht

Lasset jene entscheiden über die groß Fragen des Lebens, nicht die Blinden

Gewährt der Liebe das Recht zur Regentschaft, möge die Weisheit walten

Salomonisch Souverän herbei, es lebe die liebevoll demokratische Diktatur